George Lafenestre

Les Salons
de 1890

Critique

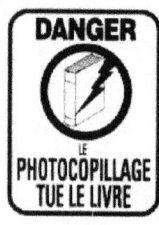
ISBN : 978-1983987526

10   9   8   7   6   5   4   3   2   1

George Lafenestre

Les Salons
de 1890

Critique

Table de Matières

I. LA PEINTURE AUX CHAMPS-ELYSÉES.

C'est dit, c'est fait : nous avons deux Salons ! L'union des artistes français qui, depuis dix ans, étonnait le monde et ravissait leurs amis, n'a pas survécu à l'Exposition universelle. A la suite de cette lutte glorieuse qui laissait, après elle, comme tous les combats, une surexcitation inaccoutumée dans les vanités et d'innombrables blessures dans les amours-propres, la discorde a éclaté. Un dissentiment, dans le Comité directeur de la Société des artistes, au sujet des récompenses accordées et de leur valeur dans l'avenir, semble en avoir été le motif et n'en a peut-être été que l'occasion. Quoi qu'il en soit, malgré tous les efforts de conciliation, faits au dedans ou venus du dehors, l'ancien président du jury des récompenses de l'Exposition universelle, M. Meissonier, s'est retiré de la *Société des artistes français*, non sans éclat ; il entraînait avec lui une centaine d'artistes, la plupart sortis, comme lui-même, du palais international des beaux-arts, avec tous les honneurs et pressés de jouir de leur victoire, pour fonder une association nouvelle, la *Société nationale des beaux-arts*. Il va sans dire que, comme jadis, la querelle est surtout une querelle de peintres ; les peintres, plus mêlés au monde et aux affaires que les autres artistes, plus productifs, plus discutés, plus adulés, sont naturellement aussi les plus agités. On trouve plus de calme dans les autres groupes de la corporation. Une vingtaine de sculpteurs et de graveurs seulement ont suivi les dissidents aux galeries du Champ de Mars, mises à leur disposition par la ville de Paris. Les autres sont restés, avec le gros de l'armée des peintres et tous les architectes, dans le palais des Champs Elysées, concédé chaque année par l'État à leur Société depuis sa fondation, siège traditionnel des Salons depuis trente-cinq ans.

Le public n'a pas à intervenir dans ces discussions de famille. Il peut trouver seulement que c'est beaucoup de peinture mise à l'air d'un seul coup et désirer que, dans l'avenir, soit qu'on se réconcilie, soit qu'on se chamaille, on n'abuse pas aussi obstinément de ses yeux, de ses jambes, de sa patience. 3,432 peintures ou dessins aux Champs-Elysées, 1,221 au Champ de Mars, soit un total de 4,653 cadres, presque autant qu'à l'Exposition universelle, voilà de quoi épouvanter les plus enragés ! On aura beaucoup de peine à nous persuader que nous ne prendrions pas une idée plus sérieuse et plus vraie du mouvement de l'art contemporain si nous avions seulement sous les yeux un quart ou un tiers de ce déballage éhonté. L'heure n'était pas propice, il est vrai, pour accomplir la sélection indispensable, qui est réclamée, de toutes parts, depuis longtemps. Des deux côtés, ne devait-on pas s'efforcer de remplir l'espace concédé, de faire étalage de ses partisans ? Aux Champs-Elysées, la Société des artistes s'en tenant à ce déplorable système, qui condamne les hommes de valeur à n'exposer que deux ouvrages, a ouvert plus que jamais ses portes à d'innombrables médiocrités dont les tristes productions, mal exposées et peu vues, ne font en réalité figure qu'au livret, encombrent les murailles, distraient l'attention, écrasent leurs voisins. Au Champ de Mars, la Société nationale, reprenant, avec à-propos, le système contraire, l'a malheureusement du premier coup, par nécessité sans doute, poussé jusqu'aux derniers excès, en sorte que, malgré les groupements instructifs des personnalités intéressantes, on s'y noie aussi dans un fond de banalités non moins inutiles, mais plus monotones encore, plus impertinentes et plus prétentieuses. Il faut espérer que la leçon servira dans les deux sociétés. Puissent ces sœurs ennemies, lorsqu'elles vont être obligées, par la force des choses, soit de s'embrasser, ce qui serait le mieux, soit de s'arranger pour vivre côte à côte, tirer également profit des expériences faites, tant à leurs dépens qu'aux dépens du public !

Au point de vue de l'art, le seul qui nous préoccupe, la scission n'a pas d'ailleurs grosse importance. Ce n'est point une école dressée vis-à-vis d'une école, un drapeau déployé vis-à-vis d'un drapeau. Des deux côtés même indiscipline, même confusion, même désarroi ; partout le même pêle-mêle de tendances, de pratiques, de théories, aussi bien dans un camp que dans l'autre. De ce que quelques-uns des modernistes les plus en vue se sont transportés au Champ de Mars, il ne s'ensuit pas qu'ils y aient emmené avec eux tous les jeunes artistes qui se livrent à une observation attentive du monde contemporain et que préoccupent, avec juste raison, les problèmes compliqués de la lumière, si chers à tous les peintres, depuis qu'il y a des peintres au monde. De ce que la plupart des membres de l'Institut, des professeurs, des chefs d'ateliers sont demeurés aux Champs-Elysées, il n'en résulte pas non plus qu'ils

I. LA PEINTURE AUX CHAMPS-ELYSÉES.

n'y soient entourés que d'élèves soumis et de caudataires serviles, ni qu'on ne puisse trouver autre part des enseignements différents et plus libres, toujours fondés d'ailleurs sur l'étude combinée de la nature et de la tradition. Entre les naïvetés préraphaélites de M. Puvis de Chavannes et les ironies parisiennes de M. Béraud, entre le naturalisme primesautier de M. Carolus Duran et la subtilité décadente de M. Besnard, entre l'élégance claire de M. Galland qui rêve à Primatice et la vigueur noire de M. Bibot qui sort de Bibera, est-il vraiment possible de trouver un autre trait commun que celui du talent, ce qui est après tout le meilleur de tous ? Et n'est-ce pas un légitime sujet d'étonnement que, là, par suite des circonstances, ce soit précisément le doyen de l'école traditionnelle, le plus justement admiré et respecté de nos maîtres, le dessinateur rigoureux, inflexible, infaillible, le compositeur patient, réfléchi, érudit, M. Meissonier en un mot, qui chevauche à la tête de cette compagnie si mêlée de grands artistes et de rapins, de novateurs et de traînards, de virtuoses et d'ignorants, d'aristocrates et de gavroches ? Tel un maréchal illustre de l'armée régulière, dans les grands périls, mène au feu une troupe improvisée de volontaires et de francs-tireurs, jusque-là débandés, que l'autorité vénérable de sa gloire suffit à discipliner pour quelques heures. D'autre part, aux Champs-Elysées, quelle parenté saisir entre M. Bouguereau et M. Bonnat, entre M. Henner et M. Jules Lefebvre, entre M. Jean-Paul Laurens et M. Chaplin, entre M. Jules Breton et M. Fantin-Latour, entre M. Gérôme et M. Vollon, etc. ? Et si, autour de ces maîtres, s'agitent, en grand nombre, leurs condisciples et leurs élèves, ce ne sont pas vraiment des condisciples ni des élèves bien émancipés, si l'on peut y voir, sortant des mêmes ateliers, MM. François Flameng et Raphaël Collin, Morot et Paul Leroy, Doucet et Bompart, Pille et Vibert, etc. ! Ajoutez à cela une quantité, plus grande que jamais, d'artistes étrangers qui sont venus se mêler assez indifféremment, soit par habitude, soit par reconnaissance, soit par sympathie, sous l'une ou l'autre bannière, et vous reconnaîtrez bien qu'il s'agit moins là d'une lutte de principes que d'une rivalité de personnes, d'une scission entre les écoles que d'un désaccord entre des artistes. Pour le moment, si l'art en souffre, ce n'est pas quant à la quantité ; nous devons même à ces fâcheuses discordes, au lendemain de la forte poussée de 1889, une preuve nouvelle, mais absolument inutile, de la fécondité inconsidérée de nos peintres.

I

Soyons agréables aux bonnes âmes que touchent les billevesées courantes sur le modernisme en confessant que le palais des Champs-Elysées abrite un fort grand nombre d'artistes, travaillant dans le *vieux jeu*. Être vieux jeu, dans le vocabulaire, assez restreint, d'ailleurs, des esthéticiens de brasseries, c'est n'être pas grand'chose. Reste à savoir ce qu'est le vieux jeu et le nouveau jeu. Or, cela change constamment. Nous avons connu telle façon de couler la pâte, de traîner la brosse, de maçonner les clairs, de marteler les ombres, d'étendre les glacis, de pointiller, de hacher, de frotter, qui n'ont fait qu'une saison ou deux. Cela arrachait au jury, telle année, des cris d'enthousiasme ; l'année suivante, on n'en voulait plus : c'était vieux jeu. Aux yeux des naïfs et des paresseux, en ce moment, le vieux jeu paraît être, non seulement ces redites académiques ou ces banalités scolaires auxquelles le mot peut toujours s'appliquer raisonnablement, mais tout ce qui constituait autrefois les principes mêmes de l'art de peindre : le soin et l'équilibre de la composition, la précision et la solidité des formes, L'éclat et la force des colorations. Pourvu qu'une peinture présente, dans un cadre mal rempli, ou rempli au hasard, une harmonie générale et molle, presque toujours obtenue par un système facile d'abaissement dans la tonalité, d'atténuation dans les modelés, d'effacement dans les formes, c'est une peinture nouveau jeu. Affaire excellente pour les jeunes peintres, qui n'ont plus, comme autrefois, à trimer dans les écoles et les musées, devant le modèle et les vieux maîtres ; ils peuvent devenir, ils deviennent du premier coup, pour un an ou deux, des grands hommes dans les gazettes, chez leur concierge et quelques marchands ! Au Champ de Mars, on rencontre aussi quelques traînards du vieux jeu, les plus célèbres malheureusement, M. Meissonier, M. Ribot, M. Carolus Duran, M. Stevens, qui se rattachent tous sans honte à de glorieux ancêtres ! Parmi les révolutionnaires et parmi les jeunes qui les escortent, il en est même plusieurs qui, à certains jours, rentrent terriblement dans le vieux jeu : ce sont leurs meilleurs moments, disent les mauvaises langues. Mais comme ces dessinateurs entêtés et ces coloristes incorrigibles se trouvent heureusement noyés dans l'océan de brunie qui les entoure, les assiège, les envahit ! Ce n'y sont donc que des exceptions ; l'impressionnisme, le pleinairisme, l'intentionnisme, tout ce qui mène au nihilisme, s'en donne autour d'eux à cœur joie, ne s'étant jamais trouvé à pareille fête. Dans ces pauvres Champs-Elysées, au contraire, c'est à chaque pas qu'on tombe sur les *vieux jeux* ; comme ils n'ont que deux toiles et que ces deux toiles sont dispersées, ils n'y font ni grand effet, ni grand mal. Cependant, sans parler de M. Bouguereau, le bouc émissaire des péchés académiques depuis la mort du bon Cabanel, n'est-ce pas une calamité d'y trouver, dès les premières, salles, MM. Bonnat, Jules Breton, Chaplin, Cormon, Français, Harpignies, Henner, Jules Lefebvre, Morot, Munkacsy, etc. ? Tout l'alphabet y passe, jusqu'à MM. Wencker, Yon, Zuber ; car on est vieux jeu, sachez-le, dans le paysage aussi bien que dans la figure !

Voyons de près ces misérables ! M. Munkacsy expose un grand plafond de douze mètres en hauteur et en largeur, pour le musée de l'Histoire de l'Art, à Vienne *la Renaissance italienne*. Remplir avec convenance un pareil espace ne s'apprend pas en contemplant uniquement le reflet d'une fenêtre ou d'une lampe sur la nuque d'une grisette en chemise. M. Munkacsy, à vrai dire, par ses beaux travaux antérieurs, d'un réalisme énergique et d'une touche sombre et violente, ne paraissait point préparé à un travail décoratif de ce genre, qui exige de la variété et du mouvement dans une ordonnance savante et compliquée, de la clarté, de la souplesse, de la vivacité. Il s'en est tiré en praticien expérimenté que les difficultés fortifient, en artiste intelligent et libre, qui saisit toutes les occasions de se renouveler. De la porte d'entrée, d'où l'on peut, à peu près, saisir l'ensemble comme si le plafond était en place, l'effet est juste et agréable. L'œil monte avec facilité sous la grande coupole à jour, d'où descend une Gloire ailée, drapée de jaune, agitant une branche de lauriers. La coupole abrite, groupés sur ses paliers et sur ses escaliers, tout en haut, Jules II examinant les plans de Saint-Pierre, plus bas Titien expliquant à un écolier la beauté de deux femmes nues, l'une debout, l'autre assise, qui posent devant eux ; Paul Véronèse monté sur un échafaudage devant une grande toile ; plus bas, le vieux Léonard de Vinci s'entretenant sur les degrés avec le jeune Raphaël et, dans le coin opposé à l'écart, le taciturne Michel-Ange, accoudé sur une balustrade, auprès d'un seul ami, Vasari sans doute, méditant, le front sur la main, dans l'attitude d'un prophète de la Sixtine. On pourrait désirer, dans la Gloire, plus de distinction et d'élégance, dans les modèles du Titien, plus de souplesse et d'éclat, dans les personnages en général, plus de vivacité et de chaleur ; c'est une Renaissance un peu pesante et attristée. Pour la mettre au point, il suffirait de peu de chose. En tout cas, c'est un spectacle rassurant de voir M. Munkacsy se débarrasser si résolument des noirceurs et des lourdeurs qui chargeaient naguère sa palette. Il est probable que cette nouvelle expérience de sa virtuosité singulière ne lui sera pas inutile. On en peut voir, à quelques pas, la preuve dans son *Portrait de la Princesse S..*, en pied, dans son intérieur, entourée de plantes et de bibelots. La peinture est plus légère et plus souple que d'habitude, moins plaquée aussi et moins tournée à ces tons jaunes et roussis, souvenirs des vieux tableaux altérés par les vernis et les crasses, dont les artistes de l'Est ont grand'peine à se délivrer. En face du plafond de M. Munkacsy un plafond de M. Henry Lévy, destiné à l'Hôtel de Ville, nous montre *la Ville de Paris offrant à la Liberté triomphante les corps de ses enfants tués pour elle.* M. Lévy n'a pas abusé des cadavres qui gisent, au premier plan, sur les débris fumants des barricades. Tout l'intérêt de sa composition est dans la figure élancée de sa Ville de Paris qui se dresse vivement vers le ciel lumineux et dans la combinaison harmonieuse des colorations souples et choisies. C'est habile et agréable.

M. Jules Lefebvre était-il obligé de donner à son tableau de *Lady Godiva* ces proportions gigantesques ? Le sujet, il est vrai, est tentant pour un peintre, bien qu'il demande trop d'explications préliminaires. Lady Godiva était la femme, douce et chaste, d'un rude seigneur de Coventry, impitoyable à ses sujets qu'il écrasait d'impôts. Un jour qu'elle intercédait pour eux : « Par Dieu ! s'écria le comte Lœfric, je ne lèverai aucun impôt que vous ne soyez allée chevaucher, nue comme l'enfant, à travers la ville. » Lady Godiva accepta le marché. Tous les habitants s'enfermèrent aussitôt chez eux, fermant portes et volets, par respect pour la sainte femme, disent les uns, par ordre du comte, disent les autres. Pour exprimer la grande solitude de cette ville déserte et muette, M. Lefebvre a fait monter, au-dessus de la cavalière, les hautes maisons d'une rue étroite et escarpée. L'effet est juste, mais serait aussi saisissant avec une moindre étendue. Les personnages qui descendent de face, sur le premier plan, lady Godiva assise sur un cheval blanc, et sa suivante qui mène le cheval par la bride, forment un groupe expressif et bien rythmé. C'est surtout dans la figure nue de la châtelaine blonde, aux carnations fines et tendres, noblement confuse, cachant ses seins sous ses bras croisés, que M. Jules Lefebvre a montré sa science et sa conscience de dessinateur attentif, son sentiment délicat et élevé de la beauté féminine. Ces qualités nous semblent d'un tel prix et si nécessaires à sauver dans la décomposition actuelle de notre école que nous excusons volontiers M. Jules Lefebvre de n'avoir pas dans la touche plus d'ampleur et plus de chaleur et de ne point viser à cette désinvolture impertinente qui éblouit les amateurs superficiels, qualité assez facile à acquérir, semble-t-il, car il n'est guère de débutant qui n'en use tout d'abord pour gagner ses premiers grades au Salon.

Le *Portrait de Monsieur A.-F. G...* montre mieux encore les mérites sérieux de M. Jules Lefebvre. Le personnage est grave, intéressant dans sa froideur et sa dignité, froideur de race, dignité d'éducation : c'est un jeune Anglais ou Américain, grand, maigre, maladif, d'une physionomie très intelligente, avec une intensité de volonté extraordinaire qui pénètre tous les détails de son attitude, sous le calme et la correction de la tenue. Il est assis sur une chaise rouge, la main droite appuyée sur le dossier, nu-tête, en redingote noire et pantalon gris. Aucun hors-d'œuvre dans l'arrangement, aucune fantaisie dans l'exécution pour amuser les yeux ou pour disperser l'attention ; la figure est établie, construite, dessinée, modelée d'un bout à l'autre avec une sûreté simple et une décision tranquille qui rappellent les vrais maîtres. Il faut quelque courage aujourd'hui à un artiste pour peindre avec cette gravité honnête, sans escamotage des dessous, sans charlatanisme de brosse. M. Jules Lefebvre possède ce courage. A force d'observation patiente et de scrupuleuses études, il vient d'atteindre, dans ce beau portrait, cet ensemble de vérité et de dignité, d'expression et de distinction que nos pères, gens fort arriérés, appelaient le style. Si cette peinture n'est pas à la mode de 1890, le peintre peut s'en consoler : elle est à la mode de tous les temps.

D'autres portraitistes nous prouvent encore, avec M. Jules Lefebvre, que la conviction, la science, la conscience, la simplicité, toutes les qualités qui attirent aux hommes l'estime, sont celles aussi qui assurent le mieux aux artistes le progrès de leur talent et la durée de leur influence. *Le portrait de M. le Président de la République* et celui de *Mme la vicomtesse de C…* par M. Bonnat ne sont pas de ceux que ce modeleur énergique ait brossés avec le plus d'entrain et le plus d'éclat. L'aspect général du premier est un peu triste, avec quelque chose de contraint ; dans le second, la dureté de la facture est d'une austérité peu galante. Toutefois, on ne peut s'empêcher d'admirer la décision fière et juste avec laquelle y sont sculptées, sous une lumière froide, mais nette, là l'effigie digne et calme d'un haut personnage, ici, celle d'une femme du monde. On y trouve même tels morceaux, notamment le bras de la dame, qui sont, pour le rendu, des morceaux de maître. En somme, c'est là de l'art vigoureux, sain, exemplaire. Que les figures de M. Bonnat puissent être comparées à des marbres ou à des bois peints, va pour la comparaison ! N'y est pas exposé qui veut. Il sied mieux, après tout, qu'une peinture ressemble à une statue, que de pouvoir être prise pour un paquet de chiffons ou pour un tas de boue. C'était, au moins, l'avis de Léonard de Vinci, probablement celui de Rembrandt et certainement celui de M. Henner ! D'ailleurs, ce dernier a le bonheur de savoir donner à ses blanches apparitions, avec la blancheur et le relief du marbre, la souplesse et le moelleux de la chair vivante. Observateur moins scrupuleux de la réalité que M. Bonnat, praticien moins puissant et moins varié, mais plus personnel et plus attendri, il traduit moins qu'il n'interprète, il regarde moins qu'il ne rêve. Dans ses portraits même on sent toujours une forte part d'idéal et de songe ; c'est là ce qui leur donne une force lente de fascination contre laquelle on se débat en vain, si monotone que soit la forme sous laquelle elle se présente. Sa *Mélancolie* et son portrait de *Madame Roger Miclos* ont à la fois ce charme de réalité entrevue et d'idéal réalisé.

M. Fantin-Latour, rêveur doux et praticien subtil comme M. Henner, très corrégien aussi et très classique, qui avait, à l'Exposition universelle, quelques œuvres hors ligne, expose deux bons portraits de femmes.. L'un d'eux surtout, celui de *Madame L. G..*, est d'une rare distinction, autant par le naturel de l'attitude et la vérité de la physionomie que par le modelé souple et lin des chairs et des tissus, l'harmonie claire-et fine des colorations ; on voudrait seulement dans le fond gris un peu moins de froideur et d'austérité. -Là aussi sous l'accord des tons délicats, on sent des dessous réels et solides ; M. Fantin-Latour connaît le prix des enveloppes bien nuancées, mais il sait que ce prix est doublé lorsqu'elles reposent sur un dessin exact. Pour MM. Wencker, Paul Dubois, Morot, est-il besoin de le dire ? c'est aussi, c'est surtout par cette analyse sérieuse et délicate de la forme, résultat de constantes études, que leurs remarquables portraits se distinguent de toutes les ébauches, plus ou moins sommaires, qui les environnent. Le *Portrait de Mme Kœchlin*, par M. Wencker, est d'un aspect un peu froid au premier abord, mais gagne toujours à être revu. Son *Portrait de M. Boulanger*, le forgeron artiste, en costume de travail, dans son atelier, près de son enclume et de son fourneau, unit à la sûreté du rendu, l'agrément d'une mise en scène pittoresque et d'une vivacité expressive qui sont nouvelles dans l'œuvre de M. Wencker. C'est un des morceaux les plus intéressants du Salon. Dans les deux portraits de M. Paul Dubois, celui d'une dame âgée, en cheveux, à mi-corps, et celui d'un jeune garçon debout, en pied, en veste et culotte courte, on admire toujours cette simplicité, cette sobriété, cette délicatesse, cette conscience dans l'exécution qui donnent une si haute valeur à toutes les peintures, si modestes et peu voyantes, de notre grand sculpteur. Les deux têtes notamment : l'une douce, fatiguée, résignée, avec des yeux d'une si bienveillante douceur ; l'autre franche, saine, décidée, avec ce bel air de hardiesse et de confiance que donnent la santé et la jeunesse, portent la marque du grand artiste. Quant à M. Morot, son tout petit tableau, le portrait équestre d'une jeune amazone chevauchant à travers bois, est une des choses les plus agréables et les plus sérieuses en même temps qu'il ait peintes.

D'autres artistes moins en vue ont exposé encore des portraits intéressants, les uns par la vérité physionomique, les autres par l'entrain de la brosse, les autres par la conscience de l'exécution. Il ne manque à beaucoup, pour être des ouvrages tout à fait remarquables, qu'un accord suffisant de ces trois qualités. Une jeune fille, d'allure très simple, de tenue très modeste, sans beauté, non sans expression, par M. Lœwe-Marchand, est dessinée avec une précision et un goût qui arrêtent le regard. M. Lœwe-Marchand est un des rares jeunes gens qui regardent encore le dessin comme le principe nécessaire de l'art de peindre. On avait déjà remarqué ses études de figures, nettes et consciencieuses. Il y a quelque sentiment du même genre, une aspiration vers la distinction par l'analyse exacte et fine, chez M. Duffaud, dans un autre portrait de jeune fille, d'une harmonie délicate. En général, le malheur, chez nos portraitistes, veut »qu'ils s'en tiennent à la superficie éclatante ou délicate ; il en est bien peu qui fassent sentir la structure du corps sous les vêtements, la solidité des ossatures sous les carnations. Parmi les portraits plus complets, ceux chez lesquels le métier se soutient le mieux d'un bout à l'autre, nous devons signaler ceux qu'ont signés MM. Doucet, Parrot, Cormon, Schommer, Thirion, Saint-Pierre, tous artistes en réputation et dont les mérites sont connus ; parmi les mieux dessinés, au moins dans les parties principales, quelquefois avec sécheresse, toujours avec conscience, ceux de MM. Maurin, Mengin, Raphaël Collin, Buland, Aviat, George Sauvage ; parmi les plus brillans, les mieux enlevés, souvent avec des morceaux d'un bel accent, ceux de MM. Rachou, Giron, Bordes, Bengy, Franzini d'Issoncourt, Tollet, Pibrac, Desvallières, etc. Les images de petite dimension, d'un faire précis et soigné, augmentent de nombre ; c'est bon signe et tout à fait dans la tradition française. MM. Weerts, Bitte, Edouard Fournier, Gorgnet, Léon Hingre, entre autres, s'y exercent avec agrément et finesse ; il faut noter aussi le talent croissant, de plus en plus ferme, de plusieurs dames ou demoiselles, Mes J. Guyon, M. Godin, Hildebrandt, Beaury-Saurel, Mégret, Carpentier, Amans, Thorel et quelques autres. Et si l'on veut, en quittant ce Salon, rester sur sa bonne bouche, on s'arrêtera devant le *Portrait de Mlle…* par M. Chaplin. Chez M. Chaplin, comme chez M. Henner, on ne sait trop où commence, où finit la fantaisie ; mais quelle aisance toujours dans la grâce, et quelle vivacité brillante, savante, délicate dans le métier !

II

Dans le portrait, en somme, qui met toujours l'artiste à la fois vis-à-vis de la nature vivante et vis-à-vis des exigences extérieures, notre école se soutient, sans grand éclat, mais sans chutes profondes. Il n'en est pas de même dans tous les autres genres qui exigent des habitudes d'observation plus variée et plus soutenue,

I. LA PEINTURE AUX CHAMPS-ELYSÉES.

une imagination plus cultivée et plus étendue, une pratique plus complète et une science moins restreinte : l'histoire, la décoration, l'étude académique, voire même la paysannerie, la scène populaire ou mondaine.

Les plus remarquées parmi les peintures comportant un certain nombre de figures nues, celles de MM. Lequesne, Fourié, Frank-Lamy, sont assurément des travaux estimables ; on les trouverait meilleurs si l'on y sentait les bonnes intentions plus constamment soutenues par de fortes études. L'idée que se fait M. Lequesne de la beauté plastique est vive et attrayante, mais, à vrai dire, un peu commune. La Légende du Kerduek se rattache à ce cycle mystérieux et charmant de traditions celtiques dans lesquelles on voit les divinités séductrices du paganisme survivre obstinément à la victoire de l'idéal chrétien. Cependant un Breton du Finistère, un joueur de biniou, même troublé par ces vagues légendes, ne reste-t-il pas toujours un paysan et un catholique ? Je m'imagine que lorsqu'il descend sur la grève, les pieds dans la vague, et lorsque les fées amoureuses commencent à tournoyer autour de lui pour l'entraîner dans le gouffre, ces dames de la mer revêtent, dans son rêve, des formes moins uniformément dévêtues. Leurs attitudes peuvent être aussi séduisantes, mais d'une provocation moins académique et moins parisienne. Quoi qu'il en soit, il y a déjà bien du talent dans cette composition et c'est un grand progrès sur les Deux Perles de l'an dernier. M. Frank-Lamy apporte plus de chasteté, plus de délicatesse dans son culte de la beauté ; il tranche même, à cet égard, d'une façon louable, sur la plupart de ses camarades ; ce serait une aventure fâcheuse si, avec ces réelles qualités, il sombrait à son tour dans l'impondérable et dans l'impalpable. Rêve d'été, c'est ainsi qu'il désigne sa trop grande toile où l'on entrevoit sur un gazon blanchissant une jeune femme blanche jouant avec des colombes blanches ; plus loin, sur le bord d'un bois pâle, d'autres femmes, plus pâles encore, laissent à peine deviner leurs fines silhouettes dans l'horizon fuyant. Ce parti-pris d'effacement et d'atténuation est incompréhensible et désolant, car les poses sont naturelles, les formes élégantes, le sentiment poétique. De ce que les rêves sont courts, s'ensuit-il donc qu'ils soient forcément confus ou malsains, comme voudraient nous le faire croire les poètes cl les peintres contemporains ? La Divine

Comédie est un rêve, le Songe d'une nuit d'été est un rêve ; est-il rien de plus précis, de plus vif, de plus ardent dans le détail que les vers de Dante et de Shakespeare ? Et l'Amour sacré et l'amour profane de Titien, et la Vision d'Ézéchiel de Raphaël, et l'Apparition à Tobie de Rembrandt, et la Psyché de Prud'hon, et l'Idylle de M. Henner, ne sont-ce pas des rêves ? ne sont-ce pas toujours, cependant, des formes solides, de la chair palpable, en un mot, de la peinture ? Que M. Frank-Lamy ne se laisse donc pas séduire par ces alanguissements insupportables qui condamneront presque toute la peinture actuelle à un rapide oubli !

Que M. Fourié aussi se mette au dessin, qu'il dessine, qu'il dessine, jusqu'à ce qu'il ait pu assurer une anatomie solide à ses bacchants et bacchantes qu'il lance, avec tant de verve, dans un pré de Normandie, sous le grand soleil d'*Eté*. On se souvient des débuts de M. Fourié : un repas de paysans, en plein air, sous de grands arbres, par un temps chaud aussi, une très bonne étude réaliste, très inégale, très improvisée, mais bien observée, vivante, joyeuse, ensoleillée, brossée avec un bel entrain de jeunesse. Dans des figures habillées, l'inexpérience anatomique disparaît ou se dissimule ; mais, dans des figures nues, il n'en est pas de même. Plusieurs de nos contemporains célèbres, beaux coloristes d'habitude et manieurs de brosse expérimentés, en ont fait, ces années dernières, la rude épreuve ; un dos de femme ne se fripe pas comme sa robe de velours ou de satin, un torse de paysan ne se maçonne pas comme sa blouse : qu'ils le demandent à Rubens et à Jordaens, ces joyeux pétrisseurs de chair humaine, mais de chair pulpeuse, sanguine, vivante ! « La même mésaventure est arrivée à M. Fourié : ses corps nus sonnent le vide et le creux ; le soleil ne se contente pas de les échauffer, il les dévore. Est-ce à dire que l'ouvrage soit sans talent, qu'il marque un recul dans la marche de M. Fourié, ou qu'il doive engager l'artiste à ne pas poursuivre ce genre d'études ? Nullement. M. Fourié, au contraire, nous montre là que son premier succès n'est pas dû à un hasard. Ces nudités sont bien groupées, animées, ardentes, quelques-unes, dans leurs attitudes téméraires, indiquées avec justesse et avec ampleur ; la lumière qui les inonde leur est distribuée avec une science assez remarquable, mais tout reste à l'état sommaire : aucune figure solide, aucun modelé profond. Au lieu d'une œuvre, c'est une ébauche ; il en est ainsi de presque

I. LA PEINTURE AUX CHAMPS-ELYSÉES.

tous les ouvrages des jeunes gens. Or, quand un peintre, comme un rimeur, s'accoutume à improviser dans sa jeunesse, il ne peut qu'improviser toute sa vie ; il ne sera jamais ni un poète ni un artiste.

Deux grandes toiles, médiocrement placées, où l'on remarque une recherche assez sérieuse et souvent heureuse des formes en mouvement, sont dues à des étrangers. M. Van Biesbroeck, un Belge, réunit, autour d'Orphée, dans le *Lancement du navire Argo*, un grand nombre de Grecs nus, dont les uns enlèvent à la fameuse nef ses dernières entraves, tandis que les autres la poussent à la mer. Ce n'est pas sans doute une bande de matelots aussi gais que les canotiers et les canotières à Bougival ; la couleur de M. Van Biesbroeck est triste, et son procédé monotone. Néanmoins, il y a beaucoup de science et d'habileté dans la façon dont l'artiste a su varier ses attitudes et ses mouvements, en trouver de nouveaux et de justes, mener à bout l'exécution de toutes ces académies. Quant à M. Checa, l'Espagnol, c'est un débutant assez jeune, si nous en jugeons par certaines inexpériences et incorrections de sa brosse. Il obtient pourtant, — et légitimement, — un des grands succès du Salon. Pourquoi ? Simplement parce que, dans sa *Course de chars romains*, il a tenté de mettre, il a mis un peu de ce que le public aime et désire, de ce que lui donnèrent si largement Gros et Géricault, Delacroix et Horace Vernet, de ce que lui refusent si obstinément nos décorateurs anémiques, le mouvement. La main de M. Checa n'est pas encore sûre, nous l'avons dit, tant s'en faut ! On constate bien des incertitudes de dessin et de rendu dans ses figures ; mais quel entrain dans toute la scène, soit au centre, où se précipite, arrivant de face, un quadrige de chevaux blancs, soit sur la droite, où roulent pêle-mêle dans la poussière, barrant la route à un autre char emporté, l'attelage et le cocher d'un char tombé qui vole en éclats ! Qu'un jeune artiste, tel que M. Checa, joigne, par l'étude, à son tempérament, l'expérience matérielle et technique, vous verrez comme il dispersera, toute la languissante école des brouillardistes, des embrumés et des figés !

L'antiquité, profane ou sacrée, n'inspire pas, en général, à nos peintres, des compositions si hardies. Leur imagination est pauvre ; c'est par le petit côté, anecdotique et familier, qu'ils aperçoivent les temps héroïques, la mythologie, la Bible, l'Evangile, l'histoire.

Ils y déploient souvent de l'ingéniosité, quelquefois des intentions poétiques, plus rarement des qualités de peintres qui assurent à cette ingéniosité et à ces intentions de la portée et de la durée. Au fond, c'est toujours le métier qui manque. Tous n'ont pas reçu cette bonne éducation de l'œil et de la main qui permet à M. Vollon fils de donner tant de saveur aune simple pochade ; *Don Quichotte*, lisant ses livres de chevalerie. Voilà vraiment de la peinture, spirituelle, vive, enjouée, sans prétention comme sans fadeur ! C'est à quoi il s'en faudrait tenir en des sujets si minces ! Les *Sept Troubadours*, en robes rouges, que M. Jean-Paul Laurens nous montre, assis sous les arbres verts, discutant les statuts des jeux floraux devaient être traités avec plus de gravité ; ils portent bien sur leurs visages et dans leurs allures cet air extraordinaire de vraisemblance historique que l'artiste studieux sait imprimer à presque tous ses personnages ; La scène est amusante, bien éclairée, bien peinte. On remarque encore dans le genre historique, pour la netteté ferme de l'exécution, la *Procession de pènitents en Espagne*, par M. Melida ; pour l'esprit de la mise en scène, la *Nouvelle arrivée au harem de Thèbes sous la XVIIIe dynastie*, et le *Combat de cailles*, par M. Rochegrosse. La composition de M. Scherrer, *Duval d'Éprémenil*, se rapproche plus, par le faire, comme par les dimensions, de la vraie peinture d'histoire. Le plus fin de tous ces évocateurs du passé est M. François Flameng. Sans être un élève direct de M. Meissonier, M. Flameng lui emprunte toutes ses méthodes ; c'est à ce goût persistant pour l'exactitude qu'il doit les progrès de son talent. En concentrant dans de petits cadres son intelligence de l'arrangement pittoresque, son aisance à s'incarner dans le passé, sa bonne humeur, son esprit d'observation, toutes qualités bien nationales, le jeune décorateur de la Sorbonne les fait mieux valoir, avec plus de grâce à la fois et plus de force. Sa *Halte d'infanterie de ligne, en 1789*, dans une clairière est déjà amusante ; mais l'analyse rétrospective des gens et des choses est plus nette encore, plus personnelle et plus vive dans son *Armée française en marche sur Amsterdam durant la campagne de 1796*. Cela montre une fois de plus que les études attentives, l'observation scrupuleuse, la culture d'esprit, servent à quelque chose. On aura la même pensée devant le tableau, beaucoup plus important par la dimension, sinon par le nombre des figures, qu'expose M. Détaille. Qui donc,

I. LA PEINTURE AUX CHAMPS-ELYSÉES.

plus que lui, l'élève favori et soumis de M. Meissonier, s'acharne à rechercher, même au prix de quelque sécheresse et de quelque froideur, l'exactitude des formes au repos ou en action ? C'est à cette passion du dessin qu'il a dû sa renommée première, c'est à cette passion qu'il devra le renouvellement de son talent. Avec la conscience modeste d'un artiste sincère, il s'est rendu compte, depuis quelques années, de ce qui lui manquait encore, en ampleur, en chaleur, en poésie. Il s'efforce visiblement de se compléter. Dans son *Rêve* de 1888, il avait rencontré la poésie ; dans son *Officier de l'artillerie de la garde*, il trouve le mouvement et l'ampleur. Lancé au galop sur un cheval noir, blanc d'écume, qui arrive de face et se cabre, cet officier, avec les soldats qui le suivent, montés sur le train d'artillerie, forme un groupe d'un effet puissant qui arrête à bon droit la foule par sa vérité. Un effort encore et peut-être M. Détaille trouvera-t-il au bout de sa brosse, plus libre, cette couleur chaleureuse qui compléterait son remarquable talent. Par la route qu'il suit, l'observation consciencieuse et virile de la réalité vivante, on arrive à tout : l'art, comme la gloire, appartient souvent aux obstinés. Autour de M. Détaille, nous trouvons toujours quelques peintres d'anecdotes militaires, MM. Armand Dumaresq, Boutigny, Grolleron, Lionel Royer, Marius Roy, Sergent, Neymark, dont quelques-uns ont de la vivacité dans l'exécution, presque tous de l'esprit et de l'habileté dans la mise en scène et dans l'observation.

La peinture religieuse ne nous offre pas d'œuvres bien remarquables. Les plus importantes, comme dimension, dans ce genre, le Christ accueillant les ouvriers de la Miséricorde, par M. Lehoux, le Miracle des roses, Sainte Elisabeth, de M. Paul-Hippolyte Flandrin, les Derniers moments de saint Claude, par M. Joseph Aubert, sont d'estimables travaux, exécutés avec conscience par des peintres au courant de la tradition classique, mais qui ne la modifient et ne la rajeunissent en rien ; on peut noter, cependant, quelques bons morceaux de peinture dans le tableau de M. Aubert, notamment le saint Claude et le religieux qui le soutient. Les *Saintes Femmes au tombeau*, de M. Rouguereau, qui attirent le public par les agréments connus du talent facile et souple de l'auteur, sont moins un rajeunissement qu'une adaptation sentimentale de la composition traditionnelle, si simplement et si admirablement présentée, bien des fois, par les pieux miniaturistes du moyen âge et les précurseurs de la renaissance. C'est dans ce goût doucereux et efféminé que nous voyons d'autres artistes de talent, MM. Bramtot, Marquet, Destrem, etc., tenter des renouvellements de la légende chrétienne. Il y a sans doute quelque sentiment délicat dans leurs arrangements, mais d'une délicatesse bien languissante, qu'exagèrent encore l'affadissement des colorations et la mollesse du procédé. C'est ainsi qu'on comprend aujourd'hui, paraît-il, l'Évangile et la Bible. Un morceau plus intéressant est la *Sainte Marthe* de M. Pinta. L'auteur ne s'y montre pas très personnel ; il est tout ému encore par les apparitions des jolies saintes, tendres et bien parées, découpant leurs silhouettes un peu maniérées sur le fond d'or des missels ou des triptyques du XVe siècle, qu'il a rencontrées en Italie et en Flandre ; mais sa figure est élégante, en ses atours bien ouvrés, et la jeune fille nue qu'elle soutient est exécutée avec la conscience que donnent le respect et l'étude des maîtres.

Nous voudrions avoir à signaler un plus grand nombre d'études, soit en nudités, soit en figures de caractère qui méritent quelque attention ; mais, vraiment, le nombre en est fort restreint. Quand nous aurons remarqué la virtuosité spirituelle, mais un peu égrillarde, de M. Doucet, dans sa *Figure nue*, virtuosité réelle et savante, qui pourrait mieux s'employer et qui ne dépasse pas, après tout, si même elle l'égale, celle de M. Chaplin, le créateur du genre, dans son *Age d'or* ; quand nous aurons regardé, avec l'estime que méritent des études brillantes, délicates et consciencieuses, la *Victrix* de M. Benjamin-Constant, la *Flore et Zéphyre* de M. Parrot, les compositions ou académies de MM. Maignan, Lalyre, Pierre Bellet, Bordes, Cave, Benner, Courtat, Axilette, de Mlle Romani, nous aurons à peu près épuisé la série des peintures dans lesquelles apparaît une recherche intéressante de la beauté humaine et de la vérité plastique. Parmi les études de figures expressives, la plus aimable certainement est la jeune fille rougissante, au sein nu, au regard ferme et tendre, que M. Raphaël Collin appelle l'*Adolescence*. C'est de la peinture bien mince, à fleur de toile, presque fuyante, mais toute pleine de nuances délicates et d'intentions exquises. On s'arrête aussi avec plaisir devant les deux jeunes femmes en buste, *1789 et 1889...* où M. Tony Robert-Fleury se montre, comme il l'est souvent, un dessinateur très sûr et un

I. LA PEINTURE AUX CHAMPS-ELYSÉES.

peintre distingué.

III

Les paysages, avec les scènes de la vie contemporaine, occupent, comme toujours, aux Champs-Élysées, la plus grande partie des murailles ; on n'a pas à s'en plaindre. Les paysagistes, heureusement, ne se laissent pas troubler, autant qu'on l'aurait pu craindre, par les excitations environnantes, au laisser-aller et à la fanfaronnade. Ils continuent à étudier les champs avec bonhomie et scrupule ; et, n'était la manie à laquelle s'abandonnent encore quelques-uns de délayer une bonne impression dans des cadres disproportionnés, on pourrait louer chez eux, en général, des tendances excellentes à la précision. Les Provençaux, notamment, se signalent par des analyses tout à fait curieuses de leur terre ensoleillée ; depuis que MM. Meissonier, Vollon, Moutte, leur ont donné le branle, ils forment un groupe actif dont les progrès sont intéressants à suivre. Si Marseille n'est pas connue au loin, ce ne sera pas la faute de ses enfants, car nous avons l'*Entrée des nouveaux ports à Marseille*, par M. Casile ; *Marseille*, par M. Etienne Martin ; le *Vieux Port de Marseille*, par. M. Allègre, et toutes ces Marseilles sont très bien vues. M. Paulin Bertrand, qu'on avait déjà remarqué l'an dernier, se signale en particulier pour la fermeté avec laquelle il sait asseoir ses terrains, planter ses arbres, détailler ses verdures devant la nappe bleue de la Méditerranée, soit à Carqueiranne, soit à *Pradon*, aux *Environs d'Hyères*. Il faut beaucoup de finesse dans l'œil et de délicatesse dans le pinceau pour dégager l'harmonie lumineuse propre à ces paysages pierreux et secs dont les détails, âpres et durs, blessent facilement le regard. Presque toute cette nouvelle école de Provençaux y parvient sans sacrifier l'exactitude et sans exagérer conventionnellement, comme on l'a fait presque toujours, l'action dévorante du soleil sur les surfaces. Nous verrons, au Champ de Mars, comment quelques-uns poussent à l'excès cette désagrégation des choses par la lumière et arrivent à nous faire douter, par l'exaltation monotone d'un resplendissement confus, de l'exactitude de leur vision.

Un homme qui nous semble avoir de bons yeux et pour lequel le soleil, si éblouissant qu'il soit, n'anéantit point la solidité des choses, c'est M. Quignon. Ses toiles sont traitées assez sommairement, presque en décor, mais d'une touche ferme, grasse, libre, avec un amour grave et ardent du soleil qui réjouit les yeux et le cœur. Jusqu'à présent sa note n'est pas variée, mais elle est personnelle et vive ; dans sa *Moisson*, ses rangées régulières de meulons, espaçant, sur une terre en pente, sous une lumière accablante, leurs resplendissements d'or accentués, par des taches d'ombre nous donnent une sensation équivalente à celle qu'on recevait, l'an dernier, de ses *Blés noirs*. C'est juste, honnête et franc. On voudrait que M. Quignon communiquât un peu de sa belle chaleur à M. Jan-Monchablon. La puissance d'observation est, chez ce dernier, sans doute, plus variée, extraordinaire et surprenante par la ténuité et par l'opiniâtreté de l'analyse. Les *Vernes* et la *Petite Rivière* sont étudiés à fond dans le détail le plus infime de toutes les brindilles, herbettes et cailloutis, avec une patience extrême ; mais pendant ce dur travail le peintre a laissé tout refroidir, et son enthousiasme qui s'épuise à cette dissection acharnée, et le ciel lui-même dont la lumière s'efface sans qu'il s'en aperçoive, tant son esprit est attentif aux minutes du sol. Ces ouvrages au petit point restent donc ternes et glacés, malgré ou à cause de tant d'efforts, et c'est grand dommage, car l'auteur y accumule une grosse somme d'études, de sincérité, de talent.

Trouver le point juste où la science devient de l'invention, où la multitude des observations se transforme en un mouvement d'imagination, où l'œuvre satisfait à. la fois les yeux, du premier coup, par sa disposition et son harmonie, l'esprit par sa signification expressive et sa solidité technique, c'est à quoi visent tous les artistes sincères, c'est à quoi n'atteignent que les artistes supérieurs et complets. S'il fallait, aux Champs-Elysées, désigner les paysages qui s'en approchent, nous n'hésiterions pas à nommer d'abord ceux de M. Harpignies. Son *Crépuscule, souvenir de l'Allier*, nous donne tout à fait la sensation d'un site vraisemblable et vrai, d'abord vu et bien vu par un œil expérimenté, celle aussi d'un site longuement rêvé par une imagination émue, par une mémoire attendrie, peu à peu simplifié, agrandi, dégagé, dans cette gestation intime, de toutes ses minutes inexpressives et de toutes ses banalités insignifiantes. Un peu en-deçà, un peu au-delà, et l'œuvre ne serait plus ou qu'une étude, ou qu'une fantaisie. La petite toile souriante et lumineuse qui accompagne le *Crépuscule, une Prairie, effet de soleil*, étude moins transformée, montre avec quelle vivacité M. Harpignies reçoit une impression devant la nature, avec quelle science nette et profonde de la structure des choses, terrains, arbres, nuages, il note immédiatement, dans un style ferme et clair, cette impression fugitive. Mais qu'il faut de travail pour arriver, dans sa maturité, à cette possession de soi-même, et combien de jeunes écervelés, dans l'école dite luminariste, semblent peu se douter des difficultés qu'ont rencontrées ces sincères observateurs, nos paysagistes de 1830, avant de bien connaître les lois innombrables et subtiles auxquelles obéit la lumière soit en se répandant sur la superficie des choses, soit en les pénétrant dans leur intimité ! Jeter à tort et à travers des scintillements, des lueurs, des reflets sur une toile, ou l'envelopper uniformément dans le voile confus d'un brouillard plus ou moins teinté, ce n'est pas faire œuvre de couleur et d'harmonie, non plus qu'au temps de la décadence florentine ou de la décadence académique, accumuler, dans des corps disloqués et disproportionnés, des accentuations anatomiques hors de place et hors de propos, ce n'était faire œuvre de dessin et de style. Ce qui est vrai pour le peintre de figures est vrai pour le paysagiste. L'allure des arbres demande à être observée aussi bien que l'allure des hommes ; les minéraux ont leur visage particulier aussi bien que les animaux.

Nous avons déjà constaté, les années dernières, l'influence utile qu'ont prise sur les paysagistes sérieux de la génération nouvelle M. Harpignies et M. Français, son aîné et son modèle. M. Français, lui aussi, reste toujours sur la brèche, et sa *Matinée brumeuse aux environs de Paris"* n'est pas une des œuvres les moins intéressantes qu'il ait exposées en ces derniers temps. C'est d'un charme sérieux et doux, qui gagne plus qu'il ne saisit, un charme durable et profond, qui n'est dû à aucun tour de main, à aucun appel à l'œil par le procédé. A la différence de tant de paysages, bigarrés, frétillants, éclatants, brossés à la diable, tout en surface, qui ne vous sautent aux yeux que pour vous montrer leur vide, les paysages de M. Français et de toute son école, modestement teintés, mais sérieusement établis, attendent volontiers qu'on les cherche, certains de retenir à la fin leur monde par le charme durable de leur commerce intime. Eloge qu'on pourrait étendre parfois à quelques artistes d'un autre âge, demeurés moins extraordinairement jeunes que M. Français, mais dont les œuvres sont, en vérité, plus démodées que de raison, car on y trouve encore, soit pour la bonne construction des plans, soit pour la dignité ou la sincérité de l'impression, soit pour l'habileté technique, plus d'un enseignement et plus d'un agrément, celles de MM. Paul Flandrin, Benouville, Bellel, Laurens, Emile Michel, etc. D'autres, il est vrai, beaucoup plus mêlés au mouvement actuel, s'efforcent, avec raison, d'unir à la solidité du fond cette vive et délicate fraîcheur de lumière vers laquelle nous aspirons aujourd'hui. C'est d'abord, ou plutôt c'était, avec son *Sentier à Orsay*, ce pauvre Rapin, frappé par la mort au moment où son talent, agrandi et éclairé, se dégageait de ses longues incertitudes et de ses touchantes timidités. C'est M. Nozal, encore un peu fuyant, mince et chiffonné, mais singulièrement habile à démêler, dans les brumes et brouillards travaillés par le soleil, les vibra1ions, pérégrinations, décompositions délicates des couleurs. Son *Matin d'automne, aux Andelys, sur le Hamel*, est d'un bariolage harmonieux et étrange, comme le ciel, dans ces saisons intermédiaires, se plaît à nous en montrer ; il faut de la hardiesse et de l'habileté pour transporter sur une toile ces spectacles singuliers et fugitifs. M. Zuber cherche moins les effets piquants et inattendus. Un coucher de soleil, tel que nous en voyons souvent, calme et rassérénant, entre des verdures régulières, sur l'eau paisible d'une rivière lente, lui suffit pour renouveler en nous une impression toujours douce, grâce à l'extrême conscience, jointe à un sens juste de la majesté familière des choses, qu'il apporte en toutes ses études. Sa *Brume du soir sur les bords du Loing*, quoique un peu flottante en un trop grand cadre, est un noble paysage qu'on revoit avec le plus de plaisir. On goûte aussi du charme à se promener dans les *Vergers à Mièvre, à la fin d'octobre*, par M. Boudot. M. Boudot est un des jeunes gens dont les débuts ont été le plus remarqués dans ces dernières années ; il aime les verdures, verdures fraîches des printemps, verdures éclatantes de l'été, verdures pâlissantes de l'automne ; en toute saison, il en sait analyser les nuances infiniment variées, en exprimer tour à tour la mollesse et la densité, l'humidité et la sécheresse. Nous le voyons, avec plaisir, ne pas s'en tenir au coin et au morceau, s'efforcer de condenser son observation dans des cadres mieux ordonnés et mieux remplis. La condensation, au

I. LA PEINTURE AUX CHAMPS-ELYSÉES.

contraire, n'est pas le fait de M. Le Liepvre qui, chaque année aussi, affirme mieux sa personnalité, mais dans l'ordre décoratif. Sa vue d'une prairie au bord delà Loire, avec de grands peupliers projetant leurs ombres minces et longues sur des gazons desséchés, aurait-elle beaucoup perdu à se rapetisser un peu ? Nous ne le croyons pas. En tout cas, l'effet est vif, juste, saisissant, tout à fait dans le goût de ceux qu'affectionne M. Harpignies, dont M. Le Liepvre est l'élève.

A côté de ces nouvelles réputations, beaucoup de renommées anciennes se soutiennent fort convenablement. L'*Etang de Cernay à la fin du jour* et *la Loire à Voucray*, par M. Yon ; la *Baie de Saint-Vaast* et le *Coup de vent*, par M. Guillemet ; les vues de *Rouen* et de *Dieppe*, par M. Lapostolet ; les deux grands paysages de MM. Bernier et Busson ; l'*Ile de Tribouillard au val Piton*, et la *Seine à Poses*, par M. Pelouse ; le *Marais aux environs de Corbeil*, par M. Péraire ; les *Bords de la Marne*, par M. Porcher ; le *Soir d'un beau jour* et le *Novembre*, par M. Emile Breton, sans nous apprendre rien de nouveau sur leurs talens familiers et consciencieux, nous en apportent pourtant des preuves nouvelles. M. Demont joint à une étude d'une vivacité et d'une saveur assez particulières, la *Ferme en Dauphiné*, un paysage avec figures, d'une poésie exquise, le *Départ*. Au premier plan, devant sa chaumière, une paysanne qui rêve, triste et abattue ; au loin, dans la plaine, un jeune homme qui s'en va, sa besace sur le dos. La tristesse résignée de ces deux êtres, la tristesse apaisée du crépuscule qui les enveloppe, s'unissent, pour mous pénétrer, avec une simplicité charmante. Il est bien possible qu'en peignant cette jolie toile, M. Demont ait pensé aux solennités de Millet, aux tendresses de Cazin (quel véritable artiste est donc insensible aux manifestations contemporaines ?) ; il n'en a pas moins fait, sans prétention, une œuvre très savoureuse.

Il est impossible, pour le paysage comme pour le genre, d'essayer même une nomenclature des artistes qui s'y exercent avec talent et qui, sans arriver jusqu'à la supériorité, produisent des travaux dignes d'attention et non dépourvus de charme. Il nous suffira de constater qu'aux Champs-Elysées cette activité, plutôt croissante que diminuée, des promeneurs au grand air, s'exerce dans les sens les plus divers, avec une variété de moyens et une absence de parti-pris dans le procédé qui dénotent, en général, de la conscience et de la sincérité. Et ce mérite, nous le trouvons non-seulement chez des Français, qui, comme MM. Lepoittevin, Le Marié des Landelles, Didier-Pougens, Cagniart, Dutzchold, Guéry, Odier, Yarz, etc., étudient un peu sommairement encore, bien qu'avec amour, la poésie des grands espaces, mais aussi chez beaucoup d'étrangers formés ou non à notre école, tels que MM. Davis, Paterson, Grimelund, Boyden, Tragardh, Verheydon, dont les peintures ont une assez vive saveur exotique. Puissent-ils la conserver !

IV

C'est dans la peinture de mœurs contemporaine, à la ville comme aux champs, qu'éclate le mieux cette recherche des actions lumineuses qui semble être, depuis quelques années, le principal souci des peintres. Rien de plus légitime que cette préoccupation. Ce fut celle de Léonard de Vinci, de Corrège, de toute l'école hollandaise. Les primitifs, Flamands et Florentins, avaient naïvement résolu par instants la question, sans même se la poser, en ce qui concerne le plein air ; tel fond d'architecture ou de campagne, dans certains tableaux de Van-Eyck, de Memling, de Fra Bartolommeo ou de leur entourage, est aussi aéré qu'on l'a jamais pu faire. Quant au problème de la lumière emprisonnée ou mouvante dans les intérieurs, il est bien certain que Frans Hais, Rembrandt, Fieter de Hooghe, pour ne parler que des plus habiles, l'ont déjà singulièrement examiné, approfondi, résolu sur beaucoup de points.. Néanmoins, comme la nature est infinie dans ses manifestations, c'est toujours le devoir comme le droit des artistes de chercher de nouveau là même où l'on a déjà beaucoup trouvé, parce qu'il est toujours possible d'y trouver encore. Nous l'avons bien vu, de notre temps, dans le paysage, où Théodore Rousseau, a été possible après Hobbema, et Corot après Claude Lorrain. C'est même par ce paysage moderne que le besoin d'une aération plus ample et d'un éclairage plus juste est entré dans l'esprit des peintres de figures ; la gloire en revient tout entière à Corot et Millet bien plus qu'à Manet et à Bastien Lepage, qui n'ont fait que suivre. Cette préoccupation a déjà amené, dans l'école, un désir de renouvellement et une finesse d'observation qui peuvent être utiles et féconds si l'on n'oublie pas, à l'exemple de tous les maîtres dont nous avons parlé, la nécessité de l'exactitude dans les formes qui reçoivent la lumière aussi bien que dans la lumière qui enveloppe les formes. Les corps n'existent, pour le peintre, qu'autant qu'ils sont éclairés, mais l'éclairage n'a de signification qu'autant qu'il modèle ces corps. L'erreur d'une bonne partie de : l'école actuelle, c'est de croire qu'un éclairage agréable ou bizarre suffit à satisfaire par lui-même les yeux et l'esprit et que le peintre n'a rien à fournir au-delà, en fait de vérité, de science et de réflexion. Au Champ de Mars, ce paradoxe se développe avec l'outrecuidance la plus amusante ; aux Champs-Elysées, on en trouve déjà d'assez jolies affirmations. On n'a qu'à regarder le *Jour d'été*, par M. Maurice Eliot, un des novateurs les plus téméraires et les plus habiles, pour voir où le système, poussé à outrance, peut conduire un homme de talent. Les chairs, les étoffes, les corps, les végétaux, les minéraux, tout s'émiette et se vaporise sous l'intensité de la lumière. ce n'est plus qu'un nuage de poussière décolorée qui entre dans les yeux. Dans une grande toile de M. Henri Martin, *M. Sadi Carnot, président de la république, à Agen*, même décomposition, même résultat. M. Martin, comme le damné que l'on sait ne peint plus vraiment que l'ombre d'un carrosse avec l'ombre d'une brosse. En admettant que cet effet subit d'éblouissement confus soit absolument juste, sans nulle exagération, sans nulle convention (ce dont on peut douter), quel intérêt y a-t-il à lui donner cette importance ? Cela ne peut remplacer ni l'observation, ni l'émotion, ni la vérité des formes et des expressions rendue par des moyens moins subtils.

C'est dans les pays chauds, en Afrique, en Asie, que ces effets, plus surprenants qu'agréables, s'offrent au peintre le plus fréquemment. Cependant, nous voyons que pendant longtemps les voyageurs y ont été bien plus frappés par la netteté des formes sous la lumière que par leur effacement partiel et momentané. C'est même avec quelque sécheresse que Marilhat et Decamps, avant la révélation d'harmonies plus chaudes faite par Delacroix, ont marqué le découpage des silhouettes sur les fonds clairs. M. Gérôme tient toujours pour l'ancienne manière de voir, qui a son avantage et son inconvénient ; l'avantage, c'est de donner à un dessinateur attentif et scrupuleux l'occasion d'analyser finement, soit le caractère des personnages en scène, soit les nuances du milieu architectural ou pittoresque dans lequel il les regarde vivre ; l'inconvénient, c'est d'enlever aux choses cet aspect chaud, profond et fondu que nous nous sommes accoutumés à demander à la peinture, et notamment à la peinture orientale. Pour un spectateur sans parti-pris, l'*Abreuvoir* et la *Poursuite* n'en restent pas moins des œuvres intéressantes et précieuses, l'une par la netteté scrupuleuse et savante avec laquelle sont étudiés ces chameaux et ces chameliers arrêtés devant une muraille brillante de faïences multicolores ; l'autre par la finesse délicate avec laquelle sont marquées, sur les plans solidement étagés de l'horizon, les dégradations infinies de la lumière. En Grèce, M. Ralli se rattache tout à fait à M. Gérôme dans sa *Prière avant la communion à Mégara*. Lord Weecks, M. Deutsch, un Autrichien, ne pensent pas non plus qu'en Orient les seuls éclats de la lumière soient intéressants pour un peintre. Un peu plus de chaleur ne messiérait même pas à leurs toiles, qui n'ont pas la prétention d'être aveuglantes ; mais on y pénètre avec plus de tranquillité pour y rencontrer, devant le *Temple d'or d'Amritsar* de l'un, dans la *Cour de l'Université arabe au Caire* par l'autre, des figures exactes et bien observées qui nous renseignent suffisamment sur ces contrées lointaines. Dans notre Algérie, M. Paul Lazerges étudie avec une conscience semblable un campement d'Arabes en plaine, M. Lunois montre un vrai sentiment de peintre dans une étude un peu sommaire : *Femmes arabes battant du blé*, M. Bompard surtout marche avec éclat sur les traces de Guillaumet dans ses *Bouchers de Guelma*, M. Paul Leroy y retrouve les éléments d'une composition biblique, *les Aveugles de Jéricho*. M. Paul Leroy est un des jeunes gens les plus habiles qui se soient révélés en ces dernières années ; il a le sens des harmonies claires et fraîches, il y joint une distinction plus rare dans le choix de ses types et dans l'expression de ses figures. Les *Aveugles de Jéricho*, une scène purement africaine, dans laquelle Jésus-Christ est un bel Arabe, entouré d'autres Arabes en burnous blancs, deviendraient, avec peu de travail, un excellent tableau. Malheureusement, M. Paul Leroy cède encore beaucoup trop à ces deux entraînements du jour dont l'un consiste à ne plus vouloir marquer les corps sous les draperies et l'autre à répandre, sous prétexte de lumière, une blancheur violente sur toute une composition. L'excès du blanc et l'excès du noir sont également désagréables à l'œil dans la peinture aussi bien que dans la nature ; c'est dans les nuances infinies de la gamme intermédiaire que l'artiste trouve ses moyens les plus

I. LA PEINTURE AUX CHAMPS-ELYSÉES.

personnels et les plus délicats d'expression. Que dirait-on d'un musicien qui frapperait uniquement sur la note la plus basse ou sur la note la plus aiguë de son clavier ? Aujourd'hui, il est de mode de frapper sur la note aiguë.

Les combinaisons de la lumière dans la peinture de genre ne peuvent être qu'un moyen de mettre en valeur les figures qui y jouent un rôle et l'action qui s'y déploie, scène populaire ou familière, idylle, drame ou comédie. Il ne s'agit point, en effet, de faire les pédants et d'interdire aux peintres de savoir plaisanter ou rire à l'occasion, car Frans Hals, Brauwer, Jan Steen, Teniers, les Ostade, se moqueraient vite de nous ; mais plaisanter, comme eux, en peintres, c'est-à-dire plaisanter aux yeux, en même temps qu'à l'esprit, non par le sujet même, mais par la qualité du rendu, par la vivacité de la touche, par la verve du dessin, par l'entrain de la couleur, ce n'est pas chose facile : bien peu y réussissent. Est-il rien de plus glacial que la scène du *Malade imaginaire* telle qu'elle est présentée, avec une insistance acharnée sur tous les détails, par M. Vibert ? On ne rit plus du tout en ressentant toute la peine que paraît s'être donnée l'artiste, avec une patiente froideur, pour fixer et figer le rire sur des visages vernis et émaillés comme des porcelaines, aux couleurs aigres et discordantes. L'habileté, le talent, l'esprit de M. Vibert, sont hors de cause, mais le système est faux. Les drôleries rustiques de M. Brispot, la *Bouteille de Champagne*, et de M. Dumoulin, l'*Attente*, sont amusantes, comme d'habitude, par la gaîté et la justesse d'observation, un peu grosses, sur les types provinciaux ; là aussi, il y a trop de durée dans la plaisante rie, et l'on aimerait que la gaîté y gagnât un peu plus le pinceau. Que dire de M. Zwiller qui donne à une noce comique, Noce à Didenheim, les proportions épiques du lie pas des arquebusiers ? Il y a là quelque chose de tout à fait disproportionné et choquant entre l'insignifiance du sujet compris à la Paul de Kock et l'effort, le temps, la science, le talent que l'auteur a dépensés. La Chanson delà mariée, en Poitou, par M. Jean Brunet, dans des dimensions plus convenables, est aussi l'ouvrage d'un artiste plus délicat, bien que trop attentif à des détails puérils de rendu ; M. Brunet comprend bien la finesse et la grâce de certains types campagnards, il les rend avec naturel. Une excellente étude rustique, confinant au comique, est un tout petit tableau de M. Hippolyte Fourniei, un intérieur de cabaret où mange un vagabond devant un paysan qui le contemple, le *Père Avril et son hôte le prophète*. On peut signaler encore, dans cet ordre d'idée, *Une leçon* par M. Thériat, *le Blagueur*, par M. Carpentier, les *Commères*, par M. Maximilien Colin.

Il est mieux, pour un peintre, de regarder la vie des paysans et des ouvriers par son côté grave. Il y trouvera plus facilement la vérité, la couleur, la poésie. C'est bien là, hâtons-nous de le dire, la tendance générale de la jeune école ; les farceurs y sont l'exception. Millet, Jules Breton, Bastien-Lepage, les amis sérieux du paysan, partageant ses joies saines, compatissant à ses travaux et ses peines, restent toujours les exemples qu'on aime à suivre. De ces trois maîtres, un seul est encore vivant, M. Jules Breton ; il garde toujours le rang qu'il a pris de bonne heure. Sa *Lavandière* revenant, sur le soir, de son travail, longeant la rivière avec son panier de linge sur la tête, n'est pas une figure inconnue ; nous l'avons déjà vue, elle ou sa sœur, moissonneuse, glaneuse, sarcleuse, ramasseuse de légumes, s'avancer ainsi, majestueuse sous ses haillons, du même pas ferme, dans la sérénité du crépuscule ; mais le paysage est autre, le vêtement est autre, la physionomie est autre, et cela suffit pour donner à cette redite un charme nouveau. La composition des *Dernières fleurs* est plus imprévue. La première neige, tombée dans la nuit, a couvert de son linceul blanc, les allées du jardin. Les dernières fleurs de l'automne, des chrysanthèmes, trop tard épanouies sur leurs hautes tiges, se sont réveillées en frissonnant sous cette jonchée blanche, prêtes à mourir. Une jeune paysanne, des ciseaux à la main, passe entre les rangées ; elle saisit le bout des doigts une des fleurs pour la cueillir et pour la joindre à celles qui emplissent déjà son tablier relevé. La paysanne est simple ; c'est une brave fille, fraîche, bien portante, qui coupe ces fleurs pour en orner sa chambre, ou pour les vendre, et n'affecte aucune mélancolie ; mais les contrastes de cette jeunesse insouciante, de ces fleurs condamnées, de l'hiver qui tombe, forment, dans le tableau comme dans la réalité, un de ces ensembles dont l'impression est d'autant plus pénétrante qu'elle est plus naturelle. MM. Emile Adam et Billet ne cherchent pas, non plus, dans les champs, de spectacles extraordinaires. des *Ramasseuses de fagots*, des *Brûleuses d'herbes* suffisent à l'un et à l'autre pour se montrer, dans une note légèrement affaiblie, ! de dignes élèves de M. Jules Breton. La personnalité de M. Pille est plus marquée ; dans sa *Messe à Pavan*, on remarque non-seulement des types villageois bien saisis et bien rendus, mais un sentiment très vif de l'arrangement pittoresque et une façon de peindre, libre et franche, amusante et personnelle. Le *Pêcheur à la foène dans la baie d'Anthie*, par M. Tattegrain, d'un faire un peu sec, est aussi une étude attentive et sérieuse.

A la ville comme à la campagne, sauf de rares exceptions, nos peintres n'ont plus trop le goût des scènes ultra réalistes, des drames et mélodrames ; nous les en félicitons. S'ils nous présentent assez souvent des intérieurs d'hôpitaux, c'est plutôt pour nous y montrer une des formes de l'activité scientifique et de la charité humaine que pour nous y appesantir sur des misères lamentables. Le tableau de M. Laurent-Gsell, *Une leçon de manipulations chimiques à la Faculté de médecine* ; celui de M. Bisson, *Après l'opération*, pour l'hôpital Necker, ne sont, en réalité, que des collections de portraits groupés dans leur milieu professionnel, de ces tableaux dits *de corporation*, si fort en usage dans la Hollande du XVIIe siècle, et dont le goût nous est heureusement revenu, depuis que ce pauvre Feyen-Perrin, il y a une vingtaine d'années, se souvenant de la *Leçon d'anatomie*, réunit les images des internes de la Charité, sur une même toile, dans leur salle de garde. MM. Laurent-Gsell et Bisson ne sont pas encore des artistes en pleine possession de tous leurs moyens, mais le tableau du premier est bien présenté, dans un mouvement de lumière bien distribué, quelques parties en sont largement brossées ; celui du second contient des figures étudiées avec soin et marque un réel progrès dans les tendances et dans la technique de l'artiste. Il n'y a que M. Moreau, de Tours, qui nous mette résolument en place, non d'une opération chirurgicale, mais d'une véritable expérience scientifique. Il nous montre, dans une salle de la Charité, des *fascinés*, c'est-à-dire des malades des deux sexes hypnotisés par un miroir tournant, comme de simples alouettes. Toutes les contorsions, gesticulations, hébétements de ces hystériques et névropathes ne sont pas, à vrai dire, fort agréables à regarder longtemps. L'œuvre est pourtant une des mieux observées, des mieux dessinées, des mieux peintes qu'ait faites M. Moreau, de Tours.

Dans tous ces ouvrages, on peut louer, en somme, avec plus ou moins de talent, une recherche consciencieuse et honnête du caractère et du type des personnages représentés. C'est là, ce nous semble, le premier devoir du peintre de mœurs contemporaines. C'est pourquoi nous : estimons-aussi la composition mouvementée et brillante de M. Gueldry, *Un jour de régates*; celle de M. Bourgain, le *Lavage du pont à bord du « Suffren »*, celle de M. Bourgonnier, les *Ciseleurs*. MM. Gueldry et Bourgain, élèves de M. Gérôme, ont contracté chez leur maître l'excellente habitude d'analyser les mouvements, les gestes, les physionomies avec une rigueur qui laisse à leurs figures un peu de sécheresse, mais qui leur assure une évidence durable de vie et d'expression. M. Bourgonnier est plus brillant et plus coloriste. On suit de même le progrès du talent chez M. Marec, dont la *Veillée* nous plaît moins par un de ces effets de lampe, dont on abuse un peu, que par le caractère simple et honnête des figures réunies dans cet intérieur paisible, chez M. Gabriel Biessy, qui méprise trop la solidité du corps, mais qui est décidément un harmoniste délicat dans sa *Fille du Graveur* et son *Décembre*.

L'un des tableaux modernes les plus remarqués est le *Rêve*, de M. de Richemont. La scène est tirée du roman de M. Zola, qui porte le même titre ; à vrai dire, et cela fait son éloge, le tableau n'a pas besoin du catalogue pour être compris. Dans une chambre haute, tendue de blanc, inondée de lumière blanche, une jeune femme en robe blanche, très blanche elle-même, reçoit l'aveu d'amour d'un jeune homme pâle qui se jette à ses genoux. Voilà donc encore un effet général de blancheurs voulues, blancheurs finement nuancées, nous le reconnaissons, mais cependant trop multipliées pour ne pas anéantir les formes. Cette jeune femme et ce jeune homme sont plutôt des visions que des êtres réels. Toutefois il y a, dans les gestes et les visages des deux amoureux, tant de pureté et d'extase d'un côté, tant d'ardeur et de délicatesse de l'autre, et partout une si rare distinction de sentiment et de goût, qu'on oublie volontiers toutes les incertitudes et les mollesses de l'exécution pour se laisser ravir par le charme de la conception. M. de Richemont est un artiste et un poète ; il ne tient qu'à lui de joindre à ces dons de nature un métier plus ferme et plus sûr. Rien de plus monotone, en vérité, que tous ces effets de blancheurs exaltées. Voyez ce qui arrive à MM. Walter Gay et Mac-Ewen, qui nous ont surpris d'abord par les délicates symphonies de leurs gris-blancs. Quand un effet si vif se répète, on n'y prend plus garde, ou plutôt on s'en détourne. La composition un peu fantastique de l'*Absente*, par M. Gay, n'obtient plus le succès qu'elle mérite, simplement parce qu'elle reproduit trop bien un effet déjà banal. Cependant, il y a une grande profondeur d'expression dans le vieux paysan et dans sa fille, qui, sans se parler, pensent tous deux à l'épouse et à la mère morte, dont l'ombre transparente blanchit sur la blancheur des vitres et des rideaux. La *Jeune fille aux géraniums*, de M. Mac-Ewen, est encore une aimable apparition ; mais la surface y anéantit aussi le fond. Décidément, il est temps d'en revenir au *vieux jeu*, au dessin exact, au modelé ferme, même pour les jeunes Américains, qui ne formeront pas une école d'outre-mer, s'ils ne donnent pas plus d'importance à l'observation précise et à la constitution des dessous. Nous aurions, à ce propos, à étudier de nouveau l'action des peintres étrangers, notamment des Hollandais, des Suédois, des Norvégiens sur notre école. Il y en a de fort distingués aux Champs-Elysées, notamment MM. Charles Mertens, Wentzel, Titcomb, Bosch-Reiz, Hall, Mlles Schwartze, Pearce, Clausen, etc. Nous en rencontrerons un plus grand nombre au Champ de Mars, et ce sera l'occasion d'y revenir. Il faudrait aussi apporter quelque attention à l'importance que prend, avec le paysan et l'ouvrier, l'*enfant* dans notre peinture contemporaine. Les tableaux qui représentent l'enfant, gai ou souffrant, joueur ou grave, avec un soin et un sérieux qu'on n'y apportait pas autrefois, sont nombreux aux Champs-Elysées ; il y en a de simples et de touchants, comme la *Prière dans une école*, de M. Boquet ; d'amusants, comme *Après le bain*, de M. Peel ; *Dans le jardin*, de Mme Demont-Breton ; *Au bord du canal*, par M. Geoffroy ; de délicats, comme les pastels de MM. Berton et Léandre ; la *Communiante* et la *Pomme*. Sommes-nous arrivés au bout ? Non, sans doute. Pour être juste, il faudrait s'arrêter encore devant des catégories entières d'artistes dont nous n'avons pu parler et parmi lesquels se trouvent quelques artistes supérieurs et beaucoup d'artistes de mérite, les animaliers, par exemple, les peintres de nature morte, les peintres d'architecture. Parmi les premiers, qu'on regarde MM. Julien Dupré, Barillot, Vayson, Pezant, de Vuillefroy, C. Paris, Grier, Truesdel, etc., parmi les seconds, MM. Vollon, Fouace, Bail, Thomas, Rivaire, etc. ; parmi les derniers, MM. Sautai, Lansyer, Saint-Germier, etc., on reconnaîtra que si les Champs-Elysées ont accueilli un trop grand nombre de peintres, ils en ont du moins admis, dans les genres les plus divers, qui font grand honneur à la corporation. Si tous ces maîtres ou petits maîtres avaient eu la facilité de se présenter au public avec un plus grand nombre d'œuvres mieux groupées, comme l'ont fait leurs confrères au Champ de Mars, ils auraient obtenu sans doute le même succès retentissant, avec plus de diversité dans les talents. Ce qui nous console aussi, c'est de trouver déjà autour d'eux un grand nombre d'artistes plus jeunes, qui apportent la même diversité et la même sincérité dans leurs façons de voir et d'étudier, et qui nous promettent pour l'avenir des œuvres sérieuses. Il suffit, pour cela, qu'ils ne se détournent pas de la route droite et sûre et qu'ils n'oublient pas les nécessités traditionnelles de leur art et de leur métier pour s'abandonner à des extravagances sans lendemain.

II. LA PEINTURE AU CHAMP DE MARS.

La Société nationale des Beaux-Arts, en s'établissant, au Champ de Mars, dans les anciennes galeries de l'Exposition universelle, y a réalisé, du premier coup, une bonne partie des améliorations réclamées depuis longtemps par l'opinion publique dans l'organisation matérielle des Salons. Les sculpteurs, il est vrai, fort peu nombreux d'ailleurs, n'y retrouvent, sous la coupole centrale, ni cette égalité calme dans la lumière, ni ces entourages apaisants de verdures qui font de la nef des Champs-Elysées un séjour si favorable pour les marbres, en même temps qu'un lieu de repos si agréable pour les visiteurs. Les peintres, en revanche, ont pu s'y étendre à l'aise et s'y présenter avec tous leurs avantages. Dans un vaste salon, les peintures décoratives sont dispersées, suivant leurs destinations, sous la lumière qui leur convient, les plafonds en plafonds, les dessus de cheminées en dessus de cheminées, les trumeaux en trumeaux, et quelques belles tapisseries du XVIIe siècle, suspendues alentour, leur fournissent à la fois des soutiens et des exemples. Deux longues galeries, très vivement, trop vivement éclairées, ont reçu les toiles de grande dimension ou les groupements de toiles des membres les plus importants ou les plus féconds de la nouvelle société. Les petits tableaux, les pastels, les aquarelles, les dessins sont disposés avec goût dans une série de petites salles où l'on peut les examiner sous un jour plus recueilli. Partout, en outre, les œuvres du même artiste sont rangées les unes auprès des autres, de façon à se faire valoir mutuellement, et convenablement espacées entre elles, de manière que l'œil s'y puisse tranquillement fixer. Tout serait donc à merveille, si l'on ne sentait presque partout la précipitation qu'on a mise à bâcler, tout en recueillant à la hâte des ouvrages de dates diverses, le plus grand nombre de toiles possible, pour faire grande figure, sinon bonne figure, sur ce nouveau théâtre. Dans aucune exposition, nous le croyons, on n'a vu pareil déballage de peintures inachevées, d'ébauches et de préparations ; c'est le triomphe de l'art improvisé, triomphe douteux et mélangé, dont la répétition fréquente pourrait coûter cher à la bonne renommée et à la bonne santé de l'art français.

I

Les trois décorateurs dont les ouvrages occupent une place d'honneur au Champ de Mars, MM. Galland, Puvis de Chavannes, Besnard, sont, en effet, les artistes qui semblent, depuis la mort de Paul Baudry, pouvoir prétendre aux premiers rangs dans cet ordre de productions. Tous trois ne se présentent pas dans des conditions égales ; M. Galland expose un ensemble considérable de peintures, de modèles, de dessins et de maquettes ; M. Puvis de Chavannes s'y montre avec une seule composition, mais d'une grande importance ; M. Besnard n'y apparaît qu'avec une ébauche de plafond. Tous trois, néanmoins, en montrent assez pour qu'il soit possible de connaître leurs qualités, d'analyser leurs tendances, déjuger leur système au point de vue de l'avenir, dans un moment où notre école de peinture traverse une crise plus grave que beaucoup ne s'imaginent.

Celui qui attire d'abord les yeux, c'est M. Besnard par son plafond destiné à l'Hôtel de Ville. Qu'on le regarde en haut, dans son cadre architectural, qu'on le regarde en bas, dans les glaces qui le reflètent, on a quelque peine à comprendre. La moitié de la toile est bleue ; dans ce bleu, on aperçoit des globes, des planètes, des étoiles, c'est tout le système du monde ; l'autre moitié est jaune ; dans ce jaune on entrevoit, avec quelque peine, sur le premier plan, une femme nue, plus jaune encore, entourée de lueurs, accourant au galop ; derrière elle, accourent d'autres femmes, encore très vagues, d'aspects étranges et de types exotiques. C'est, paraît-il, la Vérité, entraînant les Sciences à sa suite, qui répand la lumière sur les hommes. Jusqu'à présent, nous avions cru que c'étaient les Sciences qui découvraient la Vérité, puisque c'est là leur unique objet, et non la Vérité qui découvrait les Sciences. Mais, en fait d'allégories, il ne faut pas être bien exigeant, la plupart reposant sur des jeux de mots. Va donc pour la Vérité entraînant les Sciences et répandant sa lumière ! Mais M. Besnard nous refuse-t-il l'espérance de voir une Vérité mieux construite et mieux portante, répandant une lumière moins artificielle, des Sciences plus saines aussi et mieux caractérisées ? Nous voulons croire que non. L'œuvre n'est qu'esquissée, bien disposée au point de vue de l'ordonnance, sinon de la beauté de la lumière, et le mouvement des figures n'a rien d'excessif non plus que de banal. Il est encore temps pour l'artiste de faire de ce plafond une bonne œuvre décorative. Etait-il toutefois bien nécessaire de mettre le public dans la confidence d'une préparation si insuffisante qu'elle lui prête à rire plus qu'à admirer et sur laquelle, d'ailleurs, il ne peut porter de jugement définitif ?

Le moins surprenant aux yeux du public qui passe, le moins original, diront ceux qui confondent la bizarrerie avec le génie, le moins personnel peut-être, mais, à coup sûr, le plus réfléchi et le plus complet, le mieux équilibré et le moins périlleux à suivre, c'est M. Galland. Soit qu'on regarde ses plafonds du grand Salon, où s'envolent dans un azur calme les déesses blanches de la peinture et de la sculpture ; soit qu'on examine ses cartons de tapisserie pour la galerie d'Apollon ou l'Académie de Bordeaux, ses études, peintes et dessinées pour la galerie de l'Hôtel de Ville de Paris, ses modèles de diplômes, d'encadrements, de reliures, on est frappé partout de la grâce rythmique avec laquelle s'y établissent et s'y balancent les diverses parties de l'ordonnance décorative ; on y admire partout l'élégance affable et souple des figures ou figurines qui s'y reposent avec tranquillité ou s'y meuvent avec aisance, en des encadrements bien proportionnés. M. Galland est un fils direct de la renaissance ; il ne s'en cache pas, il le déclare, il l'affirme à chaque coup de son pinceau ou de son crayon, mais il a pris la renaissance au bon moment, à cette heure courte et charmante où, d'italienne qu'elle était, déjà compliquée, alourdie, prétentieuse et menteuse chez les successeurs de Bramante, de Donatello, de Léonard, elle redevient claire, vive, pleine de grâce et d'esprit entre les mains de nos Lescot et de nos Bullant, de nos Jean Goujon et de nos Germain Pilon. M. Galland reprend l'art français au point où nos ancêtres l'ont laissé à Écouen et à Anet, et s'il regarde du côté des Italiens, c'est chez ceux qui nous ont toujours été au cœur par la netteté et la tendresse de leur génie, chez des Florentins, Brunellesco et Andréa del Sarto. Dans les charmantes grisailles où M. Galland met au travail, sur leurs chantiers ou dans leurs ateliers, des tailleurs de pierre, des sculpteurs, des ferronniers, des peintres et autres corps de métier, réapparaissent de doux vieillards et de sveltes garçons dont la famille habite, depuis plus de trois siècles, sous les arcades des *Scalzi*. Ce dilettantisme élégant, d'une distinction précieuse et rare, ne va pas sans doute sans quelque froideur ; le goût de l'artiste est sûr, mais d'une prudence et d'une sobriété qui, en lui évitant les éclats téméraires, le privent aussi des énergies frappantes. Au milieu d'une architecture plus puissante, tant soit peu riche, compliquée, pompeuse, sa manière habituelle pourrait sembler trop modeste et réservée. Ce n'est pas qu'il ne sache, à l'occasion, hausser le ton, comme il l'a fait pour le médaillon d'Henri IV de la galerie d'Apollon ; mais on n'a qu'à regarder les belles tapisseries du XVIIe siècle, suspendues bien à propos dans la même salle, puis voir combien ce ton reste encore au-dessous de la note éclatante et magnifique, si admirablement tenue par tous les décorateurs de cette époque, depuis Rubens jusqu'à Le Brun, Coypel, Audran. En tout cas, si M. Galland nous semble s'arrêter sur la route d'un peu bonne heure, trop près encore du départ, il marche dans la vraie route ; on peut l'y accompagner sans crainte, sauf à s'élancer plus avant. La distribution bien équilibrée des parties, le remplissage nettement expressif de ces parties, l'harmonie soutenue des colorations et la correction assouplie des figures seront toujours les qualités fondamentales qu'on exigera d'un décorateur ; M. Galland possède toutes ces qualités. C'est un maître excellent : on aurait mauvaise grâce à lui reprocher d'être trop sage.

L'exemple de M. Puvis de Chavannes sera-t-il aussi utile ?

Non, nous n'hésitons pas à le dire. La personnalité de ce grand artiste, autrement hardi par l'initiative, autrement puissant par l'imagination, est à la fois trop particulière, trop haute, trop incomplète pour qu'elle puisse servir de point de départ. L'histoire de l'art n'offre point d'exemple qu'une école de peinture ou de sculpture se développe autrement que par une étude passionnée ou réfléchie de la nature et par une recherche progressive de la précision dans le rendu des formes et dans l'expression du caractère. Il arrive souvent, il est vrai, qu'une génération, tout d'un coup grandie par cette étude et cette recherche, s'en lasse assez vite et la néglige, ayant suffisamment, pour un temps, réalisé l'idéal désiré par l'imagination contemporaine ; c'est ce qui s'est passé au XIIIe siècle, en France, pour les sculpteurs ; au XIVe et au XVIe siècle, en Italie, pour les peintres, une première fois après Giotto, une seconde fois après Raphaël, Titien et Corrège ; la décadence, alors, n'a pas tardé à suivre et n'a jamais été enrayée ensuite que par un retour, plus ou moins violent, au respect de la réalité. Or, le dilettantisme de M. Puvis de Chavannes consiste précisément à substituer une interprétation, toujours atténuée et simplifiée, des formes réelles à leur représentation rigoureuse et exacte, en même temps qu'à atténuer, en vue d'une harmonie douce et tendre, mais vague et en sourdine, tous les accents nets et particuliers des types, des costumes, des accessoires. L'effort qu'il tente, avec une conviction et une persistance admirables, se produit donc absolument en sens inverse de l'effort qu'on a vu faire aux Flamands et aux Italiens du XVe siècle, aux Hollandais du XVIIe, aux Français du XIXe. Si M. Galland retourne à Andréa del Sarto et à Jean Goujon, avec le désir de les approprier à notre temps, M. Puvis de Chavannes retourne à Giotto et à Fra Angelico, dont il a retrouvé plus d'une fois la merveilleuse unité expressive, sans vouloir ou sans pouvoir joindre à cette unité expressive les résultats acquis par tous les siècles postérieurs ; en sorte que nous assistons à ce spectacle étrange : chez les fresquistes du XIVe et du XVe siècle, nous voyons des génies encore emprisonnés, mais s'efforçant toujours, avec une ardeur et une naïveté touchantes, de se délivrer et de se fortifier, par un contact de plus en plus direct avec la réalité ; chez le décorateur du XIXe, leur successeur, nous voyons, au contraire, un homme libre et muni de bonnes armes qui s'efforce de perdre cette liberté et de laisser rouiller ces armes en détournant ses yeux de tout ce qui, dans la nature, lui paraît avoir un contour trop âpre, une couleur trop éclatante, un caractère trop déterminé pour troubler la douceur confuse de son grand rêve. Le contraste est assez curieux, avouons-le. Lorsque le système est représenté par des œuvres aussi majestueuses que les décorations du musée d'Amiens, du Panthéon, de la Sorbonne, on peut se faire illusion sur sa valeur en présence des résultats obtenus par l'imagination puissante et séduisante de l'illustre artiste. Peut-être est-il temps de se demander ce que deviendrait le système entre les mains moins habiles des élèves et des imitateurs.

M. Puvis de Chavannes est chargé, par exemple, de décorer un panneau pour le Musée de Rouen. Bien qu'il donne à sa composition un titre vague et général : *Inter artes et naturam*, il y manifeste, plus qu'il n'avait fait ailleurs, en des circonstances semblables, l'intention de représenter le pays et les gens pour lesquels elle est faite. Il place donc, dans un ensemble habilement ordonné, avec la clarté et l'agrément qui lui sont propres, sur trois plans successifs, plusieurs groupes qui rappellent ou doivent rappeler la double gloire de la race normande, celle de vivre au milieu d'une belle nature, celle d'avoir joué un grand rôle dans les arts. Sur le premier plan, une jeune femme présente une fleur à une autre jeune femme qui la peint sur une plaque de faïence, tandis qu'un jeune garçon porte sur sa tête un plateau chargé d'autres pièces de céramique. L'adolescent est nu, les femmes, élégantes et douces, sont drapées à l'antique ; c'est un groupe charmant, mais qui pourrait également personnifier la céramique grecque, la céramique italienne, la céramique hollandaise si la forme et le décor des vases suffisent à caractériser toute une époque. Derrière, s'avance, lente et rêveuse, une femme plus mûre, un livre à la main. C'est la poésie sans doute. Est-ce bien la poésie normande, cette poésie virile et sonore, belliqueuse et éloquente, qui retentit d'abord dans les laisses de la *Chanson de Roland* et plus tard dans les tirades du *Cid* et de *Polyeucte* ? Au milieu de la composition, sous des pommiers rectifiés et ennoblis, prêts à se changer en lauriers, une jeune mère, soulevant un enfant qui tend la main, abaisse vers lui une branche chargée de fruits. Sur la droite, un dessinateur, en costume moderne de campagne, adossé à un arbre, explique ce qu'il va faire à deux élèves en blouse, debout à ses côtés. Un autre artiste est assis sur le gazon, et rêve. M. Puvis de Chavannes fait là sans doute une légitime allusion au paysage moderne qui, en effet, est presque né et qui vit en Normandie. On peut regretter qu'il n'ait pas songé aussi à la peinture d'histoire qui doit à la Normandie ces deux illustres génies, Poussin et Géricault. Dans le fond, à gauche, deux ouvriers nus fouillent le terrain pour en extraire des antiquités ; sur la droite, une femme assise, tenant sur ses genoux un enfant malade, semble en consulter une autre qui se tient devant elle. Est-ce une allusion à la médecine ? A l'horizon, enfin, par-delà d'autres fragments de ruines romaines et romanes, se développe le panorama de Rouen, panorama simplifié et dégagé de ses particularités saillantes, comme tout le reste. Le mélange des vêtements anciens et des vêtements modernes, des types d'autrefois et des types modernes, des monuments de différents styles et de différentes époques, n'a rien, cela va sans dire, qui nous puisse choquer. C'est le droit absolu de l'artiste dans une composition de ce genre, synthétique et allégorique, de grouper, au gré de son imagination, des êtres et des choses qui ne se rencontrent point dans la réalité ; mais ce que nous avons le droit de lui demander, c'est que ces êtres et ces choses soient caractérisés, chacun en ce qui le concerne, aussi nettement et aussi profondément que possible, de manière à nous apparaître comme des êtres vraisemblables, sinon réels. Quel parti eût pu tirer, d'une ordonnance semblable, un praticien plus sensible aux splendeurs verdoyantes du paysage normand, au caractère décidé, actif, énergique de la race puissante et joyeuse qui l'habite, à la variété des merveilles architecturales qui s'y succèdent depuis le XIIe siècle jusqu'au XVIe ! C'est le privilège des grands peintres de transporter, sans les affaiblir, en accentuant même leurs traits significatifs, des créatures vivantes et réelles dans le monde idéal de la fiction. Souvenons-nous du groupe des Docteurs dans la *Dispute du Saint-Sacrement*, de celui des seigneurs agenouillés dans le *Miracle de Bolsène*, des dames et des gentilshommes dans le *Mariage et le Couronnement de Marie de Médicis* ; sans aller même ni si loin ni si haut, souvenons-nous seulement de l'*Apothéose d'Homère*, et de l'*Hémicycle de l'École des Beaux-Arts*, et nous reconnaîtrons que ce qui manque à M. Puvis de Chavannes pour arriver à la réalisation complète de son rêve,

II. LA PEINTURE AU CHAMP DE MARS.

c'est le sens et le besoin de la précision, aussi bien dans l'expression du caractère que dans la forme des corps. Sous ce rapport, M. Puvis de Chavannes ressemble aux deux nobles écrivains lyonnais, ses compatriotes, chez lesquels l'expression flottante compromettait souvent la beauté de la conception, Ballande et Laprade. Cette indécision dans la pensée et dans le rendu est plus facilement acceptable dans des sujets généraux ou d'un caractère historique très vague et très lointain comme ceux que l'artiste a traités autrefois à Amiens et à Paris ; on s'y fait moins aisément, lorsqu'il s'agit d'époques plus rapprochées et de choses plus connues. L'*Inter artes et naturam* reste donc un rêve harmonieux et noble, tout rempli d'indications délicates et poétiques, tel qu'à l'heure actuelle aucun artiste contemporain n'en sait faire d'aussi séduisant ; mais donner en exemple, au point de vue de l'exécution, ce qui n'est qu'une esquisse suggestive, à la génération qui grandit, ce serait, à notre avis, une erreur profonde et une irréparable faute.

Parmi ceux (et ils sont nombreux !) qui doivent à M. Puvis de Chavannes ce sentiment si précieux de l'unité expressive dans la coordination des figures et de l'unité harmonique dans l'orchestration des couleurs, il en est d'avisés qui sentent bien déjà ce qu'il y faut ajouter. Chez M. Lerolle, par exemple, qui a montré tout de suite une habileté extrême à faire accorder ses figures avec leurs fonds de paysages ou d'architecture dans une atmosphère fine et lumineuse, l'effort, depuis quelques années, vers une détermination plus sûre, est visible et continu. Ses deux panneaux pour l'église Saint-Martin sont disposés avec une simplicité dont nous ne songeons pas à nous plaindre, mais cette simplicité même, en donnant aux figures, découpées et isolées, une importance plus grande, leur impose aussi l'obligation d'être dessinées et peintes avec plus de précision. Il est singulier que cette nécessité, si bien comprise par les primitifs italiens et flamands, semble échapper à ceux qui s'y rattachent le plus. Dans le *Saint Martin donnant la moitié de son manteau à un pauvre*, M. Lerolle s'est souvenu de la belle miniature de Jehan Foucquet ; dans les deux peintures, nous voyons, en effet, de dos, sur la gauche, une avant-garde de cavaliers, enveloppés de leurs manteaux, entrant sous la porte d'un châtelet ; dans les deux peintures, la scène se passe sur le bord d'un fleuve, avec un fond de quais et de maisons ;

mais si l'on regarde au Louvre la peinture du XVe siècle, on verra de quel côté, dans les deux figures principales, se trouvent la forme la plus correcte et l'expression la plus caractérisée. Le saint Martin de M. Lerolle est, il est vrai, un officier romain, en casque et en cuirasse, tel que nous en voyons sur les chemins de croix, tandis que celui de Foucquet est un jeune capitaine français de l'armée de Charles VII ; mais celui-ci est original et vivant, tandis que celui-là est banal et inanimé. Le pauvre est d'un dessin plus ferme et d'une bien meilleure exécution ; mais sa nudité ne paraît guère souffrir de la gelée et de la bise qui glacent tout autour de lui. Le *Jésus-Christ apparaissant à saint Martin* est, de tout point, mieux réussi. Le peintre a admirablement rendu la douceur pâle de la lumière matinale dans la. Salle dallée en pierres blanches où dort le jeune soldat, nu, suivant l'usage de l'antiquité et du moyen âge, sous la couverture blanche qui lui couvre le bas du corps. A gauche, dans une encoignure, tremblote la lueur jaunissante d'une veilleuse, tandis que, sur la droite, resplendissent, envolés à un pied du sol, le beau Christ, doux et tendre, la poitrine nue, les jambes enveloppées d'une draperie blanche, et les trois anges, aux cheveux bouclés, souriant, en longues robes blanches, qui l'accompagnent. C'est encore, on le voit, une de ces symphonies en blanc majeur dont nos peintres usent et abusent et dont on se lassera vite, mais il faut reconnaître que M. Lerolle l'exécute en vrai peintre. Il trouve des raffinements de douceurs exquises dans les clairs de ses murailles, dans les clairs de ses draperies, dans les clairs de ses carnations. Avec un peu plus de décision dans les modelés, ce serait parfait : on sent toutefois, que M. Lerolle cherche cette décision, qu'il la veut, qu'il la trouvera. Dans son panneau décoratif du Soir, où deux jeunes femmes nues chantent aux étoiles, on trouve la même harmonie dans l'ensemble avec la même distinction et la même recherche. Qu'il persiste dans ces études et dans cet effort, et M. Lerolle est un homme sauvé.

II

S'il est deux artistes qui se ressemblent peu, ce sont bien MM. Meissonier et Puvis de Chavannes. On ne saurait trouver deux antithèses plus frappantes. En les prenant, l'un pour son président, l'autre pour son vice-président, la nouvelle société a fait montre de la plus louable impartialité ; elle a témoigné qu'elle comptait s'ouvrir aux talents de toute sorte, de quelque endroit qu'ils viennent. Toutefois, on a toujours raison de ne point mettre, dans la même salle, leurs toiles face à face, car le spectateur étonné pourrait avoir quelque peine à se remettre d'une si brusque transition entre l'idéal et le réel, la rêverie et la volonté, la tendresse et l'énergie, l'incertitude et la décision, l'aspiration et la science, l'infini et le positif. Tous deux trouvent la poésie ; mais l'un, en cherchant de tout près, dans l'extrême exactitude des êtres et des choses ; l'autre, en regardant de loin, dans leurs plus simples apparences. Il ne faut donc point les comparer, sous peine de s'exposer à être injuste pour l'un et pour l'autre, et peut-être pour les deux. Est-il permis de douter, cependant, qu'au point de vue scolaire l'exemple de M. Meissonier ne soit plus utile que celui de M. Puvis de Chavannes ? Aucun art peut-il vivre en dehors du métier ? Aucune littérature peut-elle vivre en dehors de la grammaire ?

Chez M. Meissonier le métier est surprenant. Malgré son âge, son œil possède une acuité d'analyse sans pareille, sa main une sûreté et une fermeté qui vont, au besoin, jusqu'à l'âpreté et à la rudesse. On a vu de lui des compositions plus dramatiques, plus mouvementées, plus puissantes que le *1806* ; on n'en a pas vu où la conscience de l'artiste se marque avec plus de soin d'un bout à l'autre. Il y a cependant dans cette peinture, sur les premiers plans, quelques parties qui semblent inachevées ; on sait ce qu'est l'inachevé de M. Meissonier, ce serait le léché pour tous les autres ! Mais comme toutes ces figurines sont bien à leur place et à leur affaire dans cette mêlée ! Que de clarté dans l'agitation ! Que de grandeur dans la petitesse ! Sur un tertre, à droite, Napoléon, en redingote grise, sur un cheval blanc (le cheval est une merveille de solidité, de vivacité, d'allure, et comme il est bien dans l'air !), regarde la bataille qui est engagée à gauche, sur d'autres hauteurs. A ses pieds, dans la vallée, lancé sur l'ennemi, galope un régiment de cuirassiers, qu'on voit de dos. Autour de l'empereur, des généraux et des aides-de-camp, affairés, attentifs ou indifférents, forment ce groupe habituel qu'on trouve dans toutes les peintures de bataille, mais que M. Meissonier sait toujours rendre intéressant et nouveau par la netteté avec laquelle il détermine les allures, les gestes, les caractères, les physionomies. Il n'est pas un des petits soldats, à peine visibles dans le lointain, qui n'ait son individualité ; l'artiste, en les peignant, les a sentis vivre d'une vie personnelle ; il pourrait leur donner un nom : l'un est Pierre et l'autre est Paul, l'un est Jacques et l'autre Barnabé ; celui-ci est Alsacien et celui-là Breton ; celui-ci Flamand et celui-là Provençal. C'est par cette insistance sur le caractère, pour chaque figure et chaque objet, que M. Meissonier est devenu et qu'il reste un des plus grands artistes de notre temps, sans avoir possédé un tempérament exceptionnel de peintre en ce qui touche le maniement de la couleur ; il suffit qu'un homme pousse à fond, sur un seul point, la recherche et la conscience, pour devenir un homme supérieur. C'est dans le respect de la méthode rigoureuse, en fait de dessin, suivie par M. Meissonier, que la génération actuelle peut et doit trouver un contrepoids aux entraînements vers le vague et l'indécis qui sont la conséquence de l'admiration légitime, mais excessive, accordée aux harmonies extraordinairement simplifiées de Corot, de Millet, de M. Puvis de Chavannes. Il est juste de reconnaître qu'au Champ de Mars, sans parler même des élèves directs de M. Meissonier, MM. Lucien Gros, Moutte, Maurice Courant, Charles Meissonier, un grand nombre de peintres de genre, rustiques et mondains, s'efforcent de combiner l'exactitude caractéristique des formes avec l'harmonie expressive de la lumière. Ce fut un des mérites de Bastien Lepage de chercher cette combinaison ; malheureusement, il mourut avant de l'avoir pu réaliser complètement par un accord soutenu entre la vigueur de l'analyse et la vigueur du rendu ; sa peinture, au moins dans ses grandes toiles, claire, fine, diaphane, reste presque toujours mince et pâle et n'arrive à fournir ni des dessous bien résistants ni des surfaces très brillantes. De tous côtés, en réalité, chez Bastien Lepage, comme chez M. Puvis de Chavannes et chez M. Meissonier, l'idée de peinture proprement dite, l'idée d'une couleur éclatante et vive, d'une pâte solide et chaude, d'une touche ferme et souple a souffert de leurs qualités mêmes, de leurs qualités les plus hautes ou les plus fines. Il n'est donc point surprenant que nos jeunes gens aient quelque peine à se remettre de cette série d'ébranlements en sens divers et qu'on les voie encore s'engager avec timidité dans une voie plus difficile où la mode ne les pousse guère. L'essentiel est qu'ils s'y engagent, qu'ils se groupent, qu'ils se soutiennent de façon à décider autour d'eux le mouvement de sympathie qui se prépare dans un public écœuré de tant de fadaises, de tant d'à-peu-près, de tant de charlatanisme. De cette union du sentiment de la vie moderne et de la recherche intense du caractère peuvent et doivent sortir, en grand nombre, des œuvres nouvelles et intéressantes. Au Champ de Mars comme aux Champs-Elysées, il y a déjà, à cet égard, plusieurs tentatives heureuses tant chez les étrangers que chez les Français.

Les étrangers, en effet, ici, sont nombreux et brillants. En tête, voici les Flamands, petits-fils de Rubens, de Téniers et de Leys qui, eux, tiennent toujours pour les beaux coups de brosse, les larges coulées de peinture, solides, brillantes et chaudes. Les Belges n'ont guère donné, jusqu'à présent, dans la brume malsaine et les alanguissements stériles. M. Alfred Stevens, après sa belle exposition en 1889, ne nous révèle rien d'inattendu dans sa manière mondaine, si brillante et si souple. Les *Iris*, l'*Ophélie*, la *Lady Macbeth*, sont des variantes fort agréables de figures qu'il nous avait déjà montrées. C'est une joie surtout de revoir ces peintures plus anciennes, *une Musicienne*, la *Jeune Veuve*, qui ont subi, sans en souffrir, l'action du temps. Si ces toiles ont dû leur premier succès auprès du public, à l'esprit et à la vivacité avec lesquels l'artiste y rendait les allures et les physionomies de la femme moderne, le froufrou des toilettes, le luxe des intérieurs, elles devront leur réputation durable, auprès des amateurs, à leurs qualités intrinsèques, justesse du dessin et solidité de la couleur. Les Belges, nous l'avons vu, l'année dernière, poussent volontiers à l'extrême ce goût excellent pour la fermeté de la peinture. Aujourd'hui, c'est M. Brunin, d'Anvers, un archaïsant comme Brackeeler et Leys, qui nous introduit chez le *Distillateur*, chez le *Marchand de tableaux*, chez un *Antiquaire*, pour avoir un prétexte de peindre, autour d'un visage attentif et vivement éclairé, une multitude d'ustensiles et d'objets dont il faudra rendre avec exactitude, dans leur extrême variété, la matière, la forme, l'éclairage. Un travail acharné de ce genre ne va guère sans quelque âpreté. La peinture de M. Brunin est dure et systématiquement tenue dans la tonalité rousse des vieilles toiles émaillées par la couverte des vernis ; c'est du dilettantisme, mais un dilettantisme savant et sain qui peut apprendre leur métier à ceux qui l'ignorent. Dans l'*Antiquaire*, le plus soigné et le mieux réussi, la figure du bonhomme assis au milieu de son bric-à-brac, examinant avec attention un fermoir en argent est même très moderne et très vivante, par l'observation, sinon par l'exécution. La fermeté de la brosse est moins opiniâtre et moins égale, mais plus libre, plus personnelle, plus neuve chez M. Léon Frédéric, un réaliste populaire à la façon de Bastien Lepage, qui apporte, dans l'analyse des types vulgaires, une pénétration et une naïveté vraiment remarquables. Il n'a, au Champ de Mars, qu'une étude de deux petites filles, en sarrau de toile, assises côte à côte, avec des expressions craintives et sérieuses d'enfants pauvres, les *Boëchelles* ; c'est touchant et saisissant à force de simplicité, d'énergie aussi et de justesse dans les indications.

Les peintres étrangers ont-ils plus confiance que les peintres français dans la candeur et dans la bienveillance du public auquel ils s'adressent ? Redoutent-ils moins que les nôtres les ironies méprisantes, les faciles plaisanteries, l'indifférence pédante, lorsqu'ils présentent des épisodes de la vie populaire, scènes de famille ou de travail, scènes de joies ou de douleurs ? Quelle qu'en soit la cause, généralement ils vont plus à fond que nous, avec moins de crainte du ridicule, avec moins de souci du joli, dans l'intelligence et dans la représentation de toutes ces créatures déshéritées et bornées, dont les passions et les sentiments offrent, au peintre comme au poète, une matière d'autant plus riche et heureuse que ces passions sont plus spontanées et ces sentiments plus naturels. Comparez nos amis des paysans, les plus sincères et les plus habiles, MM. Jules Breton et Lhermitte, par exemple, avec ces Hollandais et Allemands que j'aperçois là-bas, MM. Israels, Artz, Uhde, Liebermann et vous comprendrez bien ce que je veux dire.

Ah ! certainement, ni chez M. Israels, ni chez M. Uhde, on ne saisit apparence du désir de retrouver, sous les haillons du travail ou de la misère, quelques-unes de ces finesses dans le type, de ces distinctions dans le geste qui ne sont point le privilège des aristocraties et qu'on peut rencontrer, en effet, chez les paysans et les ouvriers, d'autant plus frappantes qu'elles y sont plus rares et accompagnées encore d'une simplicité qui en relève le prix ! Leurs misérables sont de vrais misérables ; ils ne dissimulent ni leur laideur, ni leurs haillons, ni leurs saletés, ils ne les étalent pas non plus, ils ne cherchent pas à en apitoyer notre sentimentalité ;

ils souffrent pour eux, pleurent pour eux, et c'est pourquoi ils nous émeuvent tant. Sans doute, on l'a remarqué, depuis quelques années, la peinture de M. Israels s'assombrit, s'attriste, s'alourdit de plus en plus ; la lumière s'y fait rare et grise ; c'est que les pauvres gens auxquels il s'intéresse sont eux-mêmes bien tristes sous un ciel sombre et lourd. Les *Jeunes filles de Zandvoort allant à la criée*, à travers des chemins boueux, sous une bourrasque dure et aigre, ne sont pas de celles qui chantonnent tous les jours en accomplissant leur rude besogne. La *Petite Ménagère*, de M. Artz, qui épluche les légumes, dans une humble cuisine, auprès de sa mère infirme, est une fillette mûre avant l'âge, naïvement pensive, qui sent déjà le poids de la vie domestique peser sur ses petites épaules. C'est une des meilleures peintures qu'ait faites M. Artz, fermement établie, solidement brossée, avec une gravité simple. La composition de M. Uhde est, dans ce genre, la mieux conçue et la mieux exécutée. *Là-bas est l'auberge*, dit un piéton boueux et harassé, un ouvrier en voyage, à sa compagne épuisée qui ne peut plus avancer le pied dans les ornières glissantes d'une route défoncée. Là-bas est l'auberge ! et, en effet, à travers le brouillard qui tombe déjà sur l'horizon, on aperçoit, jaunissante et tremblotante, une lueur de lampe dans la lucarne d'une petite maison. Là-bas est l'auberge ! et il n'est que temps d'y arriver, car la pauvre femme, prête à lâcher son petit panier, s'affaisse sur ses jambes appesanties, et l'ami qui la soutient n'est guère plus valide, s'appuyant avec peine sur son bâton. Un peu plus, et ce groupe désespéré tomberait à demi mort de fatigue, de froid, peut-être de faim, sur ce grand chemin désert et glacé, bordé d'arbres dénudés. Les tonalités, tristes et grisâtres, dans lesquelles se plaît l'imagination de M. Uhde, s'appliquaient à merveille à ce sujet ; pour exprimer la lassitude de ces malheureux errants, le découragement de l'une, la tendresse de l'autre, la tristesse froide du paysage embrumé, il a trouvé dans la touche et dans la couleur des accents d'une pénétration extraordinaire. Rien ne montre mieux que le tableau de M. Uhde, à quel point, dans la peinture, la matière s'associe à la pensée et peut devenir l'expression du sentiment. Ce qui fait la qualité de l'œuvre de M. Uhde, comme de celle de M. Israels, c'est que le maniement habile et libre de la matière colorante n'y sert qu'à bien exprimer ce qu'ils ont l'intention de dire. L'ouvrier s'y fait sentir, mais ne s'y substitue pas à l'artiste. Nous regrettons de voir que MM. Liebermann et Kuehl, dont les figures ont tant de caractère, manifestent quelque tendance à introduire, dans leurs peintures, par une sorte de travail trop apparent de maçonnerie savante, des effets de trompe-l'œil grossiers qui n'ont plus qu'un rapport lointain avec l'art. Les pierres, les briques, les plâtres, dans la *Maison de retraite à Leiden*, par M. Liebermann, prennent un relief dur et brutal qui écrase les figurines ; ces dernières, de bonnes vieilles, à demi paralysées, blanches et raides dans leurs uniformes de bure, sont toujours modelées et sculptées, d'ailleurs, avec cette énergie rigide qui caractérise le talent si personnel de l'artiste. Que dire des empâtements en relief par lesquels M. Kuehl reproduit les décorations sculptées, les orfèvreries, les cadres, les moulures, dans son *Intérieur de l'église Saint-Jean, à Munich*, et dans son *Ave Maria* ? Ceci nous ramène aux procédés enfantins des peintres gothiques accrochant sur leurs panneaux, aux mains de saint Pierre, de véritables clefs en métal. C'est là de l'habileté à rebours ; sans cet excès de saillies, on apprécierait beaucoup mieux, dans l'*Ave Maria*, la finesse et la délicatesse avec laquelle est peinte la petite communiante assise devant l'orgue, charmante apparition qu'anéantit ce brutal encombrement du mobilier environnant. Il est d'autant plus fâcheux de voir M. Liebermann et M. Kuehl s'appesantir ainsi et s'alourdir dans leurs procédés, qu'ils dessinent avec une remarquable netteté, qu'ils sont de ceux, parmi les étrangers, qui savent déterminer leurs figurines avec le plus de franchise et d'exactitude.

Chez beaucoup d'autres, notamment chez les Suédois et les Norvégiens, la main est souvent moins sûre, en sorte que, malgré un sentiment très fin, en général, et parfois très profond de la poésie intime, leurs œuvres nous étonnent par leurs hésitations et leurs inégalités. On constate des incertitudes de ce genre chez M. Osterlind, qui étudie les enfants avec une charmante naïveté et qui les met en scène avec une préoccupation marquée des éclairages nouveaux, exceptionnels et bizarres. Mais pour que ces éclairages singuliers nous charment, faut-il encore qu'ils soient vraisemblables. N'est-il pas difficile de croire, par exemple, que, dans les *Ombres chinoises*, la lueur d'une chandelle, en plein jour, suffise à éclairer si vivement et si uniquement le linge blanc sur lequel une fillette projette, avec ses doigts entrelacés, une silhouette

de lapin, tandis que tout l'entourage de la chambre ne participe
en rien à cette illumination ? Il semble qu'il y ait deux morceaux
dans la toile, l'un peint devant l'effet voulu, l'autre peint sous le jour
ordinaire de l'atelier. Les physionomies des fillettes sont, d'ailleurs,
vives et malicieuses, mais il reste encore bien à faire à M. Osterlind
pour être maître de ses moyens d'expression. M. Edelfelt, plus sûr
de lui, se contente de demander à la lumière naturelle du matin
ou du soir les finesses qu'elle nous prodigue. Il laisse trop sans
doute ses études familières à l'état d'esquisses, mais ces études sont
charmantes. Nous signalerons surtout dans *Village finlandais* le
bonhomme en blouse blanche qui revient de son travail et le gamin
qui lui ouvre la barrière.

Nous n'attachons pas plus d'importance qu'il ne sied à ces
problèmes d'éclairages, ombres et reflets, qui ne se posent pas pour
la première fois dans la peinture, mais auxquels le public paraît
apporter une certaine attention. Il en a été ainsi chaque fois qu'on
a attiré ses yeux par des recherches de ce genre. Effets de gaz, effets
de bougies, effets de lampes, tout cela n'est, en vérité, guère plus
intéressant que les effets de lanternes, de torches, de chandelles qui
ont fait la popularité, au XVIIe siècle, du trop fameux Honthorst,
Gherardo delle Notti, et plus tard celle de Schalcken. Vers 1850, si
l'on veut bien s'en souvenir, c'était autour des scènes populaires de
Van Schendel, un Hollandais au nom prédestiné, scènes toujours
illuminées par quelque falot extraordinaire, que se pressait aussi
la foule dans nos expositions. Que sont devenues les gloires de
Honthorst, de Schalcken et de Van Schendel ? Une singularité de
cette sorte peut arrêter brutalement et vivement les regards sur
une toile ; elle ne saurait les y retenir longtemps si l'on n'y trouve
en même temps des figures bien caractérisées, des physionomies
expressives, un sujet intéressant, un travail sérieux qui justifient et
qui excusent cet appel insolite par des moyens artificiels.

M. Besnard s'adonne de plus en plus à l'analyse de ces phénomènes
étranges et exceptionnels de la lumière. Comme il est fort habile,
très savant analyseur des nuances et des demi-nuances, il trouve
souvent dans ses esquisses sur nature, faites dans ces conditions
extraordinaires, des subtilités de colorations fines et exactes
qui peuvent amuser un instant nos yeux, comme des témérités
neuves et piquantes, mais qui, en vérité, ne sont pas suffisantes

pour constituer un tableau. La plus simple et la meilleure de ses toiles, *une Famille*, ne perdrait rien à ce que les visages y fussent modelés et peints avec plus de solidité et de vérité. Cela n'en donnerait que plus de prix à toutes ces petites têtes, si vivantes et si naturelles, groupées près d'une fenêtre ouverte sur un paysage. Malheureusement, il est bien évident que M. Besnard ne tient pas au naturel, au moins en ce qui concerne la lumière ; c'est l'artificiel qui le ravit, l'artificiel possible et l'artificiel impossible. Lorsqu'on prend l'habitude de tirer sans cesse des feux d'artifice et de ne s'éclairer qu'aux feux de Bengale, on ne peut plus supporter la simple lumière ; le ciel ressemble à du papier peint, le soleil devient pâle et bourgeois. On sait à quelles extravagances de pinceau cette passion raffinée pour les complications lumineuses a poussé le grand paysagiste anglais Turner. Si nous ne regardions que la *Vision de Femme*, une vision agitée et maladive dans laquelle se tortille, devant des touffes indécises de grandes fleurs bariolées, au milieu de reflets rougeâtres et verdâtres, comme dans un enfer ou une apothéose d'opéra, une forme fantastique de nudité jaunâtre, nous regarderions M. Besnard comme un peintre fort compromis. Heureusement, dans la section des pastels, le très intéressant *Portrait de Mme Lemaire*, nettement et vivement exécuté, avec des bonheurs de colorations vraiment délicates et rares, nous rassure à temps sur son compte. Voilà un morceau bien moderne, dans le bon sens du mot, savant et libre, personnel, avec des qualités traditionnelles, les qualités de fond nécessaires en tous les temps. Il y a bien encore, çà et là, certains petits reflets jaunes qui tombent on ne sait d'où et qui ne servent qu'à agacer les yeux ; mais il y en a si peu ! Un artiste florentin du xve siècle désirait déjà qu'une loi interdît de vendre aux peintres du noir et du blanc purs, parce que rien, disait-il, n'est plus désagréable que l'emploi abusif de ces couleurs extrêmes. Si les marchands refusaient de vendre du jaune à M. Besnard, peut-être lui rendraient-ils service. M. Besnard, à ce jeu prolongé, court risque de compromettre ses qualités imaginatives, qui sont grandes, et sou savoir, qui est réel.

Le parti-pris est encore visible dans la manière toute conventionnelle dont M. Carrière enveloppe ses fragments de figures uniformément blanchâtres et fondantes dans une pénombre cotonneuse. Le procédé n'a rien de naïf, mais on pourrait répondre que celui de M. Henner n'est pas naïf non plus, et l'on aurait peut-être raison. Cependant, M. Henner est un artiste ; M. Carrière aussi est un artiste ; c'est avec une délicatesse extrême, une sorte de tendresse caressante qu'il dégage à demi de cette ombre obstinée des bouts de visage et des lambeaux de bras d'une carnation moelleuse et d'une expression douce. Le *Sommeil*, la *Tendresse*, le *Cahier*, sont des notes charmantes dans leur brièveté ; cela ne va pas au-delà ; le talent est réel, mais c'est un talent volontairement borné, qui paraît devoir longtemps tourner dans le même cercle.

MM. Priant, Muenier, Dinet, La Touche, tous partis aussi à la poursuite de la lumière, la cherchent avec moins d'effort en des endroits où elle se répand plus naturellement et plus librement. Tous les quatre aiment le plein air et le soleil ; ce sont des gens sains, qui veulent rester sains. L'exposition de ces jeunes artistes au Champ de Mars confirme les bons présages qu'on avait tirés lors de leurs débuts. Ce n'est pas qu'ils soient tous encore aussi maîtres de leurs moyens d'expression, aussi bien outillés, aussi bien équilibrés que nous les voudrions voir ; mais tous quatre, autant que nous en pouvons juger, sont des sincères et des laborieux ; ils s'interrogent avec modestie, s'examinent avec conscience, cherchent à se compléter avec patience et volonté. S'ils se montrent, comme leurs camarades, et avec raison, extrêmement sensibles aux charmes violents ou délicats de la lumière épanchée ou contenue, ils ne sont pas sans s'être avisés que ces charmes sont d'autant plus durables qu'on les emploie mieux à mettre en valeur des figures intéressantes. Ils reprennent l'œuvre de Bastien Lepage, où Bastien l'avait laissée, avec l'intention évidente de la pousser plus loin.

Le plus fin dessinateur des quatre est M. Friant. Il possède peut-être moins que MM. Muenier et La Touche le sentiment de l'enveloppe atmosphérique ; il a souvent quelque peine à raccorder ses figures à ses fonds, soit qu'il consulte trop fréquemment des photographies, soit qu'il ait contracté, par une habitude d'analyse un peu menue, des habitudes de vision spéciale, qui lui détachent trop sèchement les objets de leur milieu ambiant. C'est un cas fréquent dans l'histoire des dessinateurs, un accident dont on se remet quand on a, comme M. Friant, la volonté de s'en remettre. En ce moment M. Friant poursuit, ce nous semble, deux buts : il veut donner à son dessin toute la précision désirable, non-seulement dans les têtes et dans les mains, mais dans les corps tout entiers et, au besoin, dans les nus ; il s'efforce en même temps de donner à sa peinture plus de force, de largeur et d'unité. Le danger auquel s'exposent tout d'abord les jeunes peintres qui s'acharnent à l'analyse détaillée de la réalité, le danger que n'avait pas, dans ses premières œuvres, évité Bastien Lepage, c'est d'apporter, dans leur exécution, plus de finesse que de solidité, plus de délicatesse que d'ampleur ; mais c'est un danger honorable, auquel s'exposent seulement les bons travailleurs, et d'où l'on sort d'ordinaire, lorsqu'on possède un bon tempérament, fortifié pour toute sa vie. Que la peinture de M. Friant reste encore çà et là, un peu mince et sèche, et même quelquefois désaccordée, il n'y a pas à s'en effrayer ; l'important est qu'on y sente partout l'effort intelligent pour se posséder. Dans plusieurs morceaux de cette année, comme dans le mendiant assis de *la Toussaint en 1889*, on voit cet effort aboutir ; on reconnaît la main d'un peintre en même temps que celle d'un dessinateur. Nous n'en voulons pour preuve que le joli petit portrait d'une vieille dame, habillée de noir, coiffée de son chapeau, assise dans son appartement. Les détails du mobilier sont encore un peu confus et compliqués, mais avec quelle intensité d'observation, quelle vivacité et quelle justesse d'exécution, la figure est posée, analysée, menée d'un bout à l'autre ! Dans le *Portrait de M. B..*, de plus grandes dimensions, on voit aussi les parties principales brossées avec toute la souplesse et la force qui conviennent. La *Lutte* de deux jeunes gens, en caleçons courts, auprès d'une rivière, devant un jury d'autres jeunes baigneurs, est la pièce capitale de l'exposition de M. Friant. On ne saurait dire que ces deux figures nues, en plein mouvement, dans des attitudes violentes, déploient suffisamment, dans l'effort musculaire, l'ardeur, la vigueur, la saillie qu'elles devraient avoir. Le contour reste un peu sec, le modelé en surface et léger, mais tout est bien en place, cherché avec soin ; c'est une étude préparatoire excellente pour des œuvres plus libres. De telles habitudes de précision se trouvent naturellement plus à l'aise dans des petites toiles. La *Discussion politique*, le *Retour de la pêche*, le *Vagabond*, compositions bien disposées, bien remplies, qu'on pourrait, au rebours de tant d'autres, agrandir sans inconvénient, montrent des types populaires étudiés et définis avec une netteté, une sûreté, une insistance d'autant plus précieuses que cette netteté, cette sûreté, cette insistance, sont les qualités qui manquent le plus, tant au Champ de Mars qu'aux Champs-Elysées, à beaucoup d'artistes qui prétendent nous représenter la vie moderne. Qu'il y ait quelque âpreté dans cette insistance, nous ne le nions pas ! C'est cette insistance qu'on a aussi longtemps reprochée à M. Meissonier, mais M. Meissonier survivra à bon nombre de ses contemporains qu'on a d'abord beaucoup plus fêtés. Parler net et clair, en art comme en littérature, sera toujours la meilleure façon d'être bien entendu.

Chez MM. Muenier et La Touche, le dessin est moins ferme, l'observation moins serrée, mais l'enveloppe lumineuse est plus naturellement douce et charmante. M. Muenier, lui aussi, tient beaucoup de Bastien Lepage ; sa touche est mince, presque diaphane, et ses corps sont plus des apparences que des réalités, mais c'est avec une délicatesse extrême et une rare distinction qu'il comprend et analyse la poésie des êtres simples, dans leurs occupations familières, lorsqu'ils nous apparaissent revêtus d'une beauté passagère et exquise, et comme transfigurés, par la beauté environnante et éternelle des choses. Il a le sentiment de la paix dans la nature et de la paix dans les âmes. On se souvient de son début si aimable : un bon prêtre, assis sur une terrasse, au milieu de ses plates-bandes, dans la douceur du crépuscule, lisant son bréviaire. On retrouve cette même sérénité, ce même apaisement des physionomies, cette même jouissance innocente de la verdure, des fleurs, de l'été, dans ce déjeuner de famille, à la campagne, qu'il intitule *les Beaux jours*. Rien de plus bourgeois et pourtant rien de plus finement pénétrant. Un sentiment fin du même genre, sentiment de bien-être, de tranquillité, de bonheur donne leur prix à deux autres scènes de villégiature, *les Pivoines* et *les Phlox*, par M. Gaston La Touche. Comme les titres l'indiquent, dans ces deux toiles, ce sont des fleurs, fraîchement épanouies, abondantes, triomphantes, qui jouent le rôle principal, mais, derrière ces touffes roses ou blanches, apparaissent encore, sous la verdure, des groupes aimables de jeunes ménages et d'enfants, en toilettes fraîches, respirant la douce joie de vivre dans une tiède atmosphère d'été. Un intérieur de paysans, où l'on s'apprête à recevoir la famille, *un Jour de fête*, rappelle, par la précision des détails, la première manière de M. Dagnan. L'arrangement lumineux y est excellent, la recherche des attitudes et des types sincère et heureuse. Si M. La Touche ne se laisse pas aller à l'extrême facilité d'assimilation et d'exécution qu'il semble posséder, il peut occuper un rang très distingué parmi nos peintres de genre, à la campagne comme à la ville ; c'est certainement un des mieux doués. M. Adolphe Binet, qui a débuté aussi par des scènes populaires, semble avoir de plus hautes ambitions. Son panneau décoratif pour la ville de Paris, *l'Intérieur d'un fort pendant le siège*, bien qu'un peu terne et gris, semble prouver qu'il a raison de les avoir. Les figures y sont justes, bien posées, largement peintes ; mais, pour la joie de nos yeux, nous préférons ses esquisses faites dans la banlieue, *la Blanchisseuse* et *les Blanchisseuses*. Les sujets n'ont rien de relevé, mais l'analyse est fine, et la peinture, traitée en pastel, d'une tonalité charmante. M. Dinet a été de bonne heure un coloriste plus vif et plus hardi ; c'est un de ceux qui, les premiers, se sont plu à exprimer les effets les plus extraordinaires et les plus inattendus du soleil sur les figures en plein air. Pour se gorger de lumières, il travaille maintenant en Afrique. Sa grande scène des *Charmeurs de vipères*, où tous les personnages, éblouis par une lumière intense, clignent des yeux et grimacent sous la chaleur, fait aussi cligner les yeux de ceux qui la regardent ; mais, si l'on peut supporter cet éclat aveuglant, on verra que les figures, sous ce rayonnement excessif, sont vraisemblables, particulières, vivantes. Même effet, même esprit dans la petite scène des gamins arabes qui dégringolent sur la pente d'un rocher pierreux et qui se bousculent dans la poussière en se livrant le *Combat autour d'un sou*. L'Algérie est une bonne école pour les coloristes. M. Brétegnier y assouplit aussi et y échauffe son talent. Sans étinceler avec cet éclat presque insupportable, ses *Mendiants nègres dans une rue de Tanger*, sa *Porte de la Kasbah* à Tanger, sont de bonnes études, sincères et lumineuses.

A côté de ces jeunes gens pour lesquels le Salon du Champ de Mars a été une occasion de confirmer ou d'établir leur réputation, nous y retrouvons un certain nombre de ceux qui les ont précédés dans l'étude de la vie moderne. Parmi les Parisiens, c'est, d'abord, M. Béraud avec son *Monte-Carlo*, où il réunit, avec son esprit accoutumé, autour du tapis vert, des types variés, d'une exactitude criante. Il a choisi l'instant fatal où le croupier crie : « Rien ne va plus. » L'inquiétude, la curiosité, l'angoisse se peignent, franches ou contenues, sur tous les visages des joueurs et des joueuses. Les douairières assidues, les vieux routiers et les dupes naïves, les cocotes à l'affût et les décavés piteux, tout ce monde international et interlope est mis en scène, d'une touche pleine et vive, avec le sang-froid et l'ironie qu'on connaît à l'auteur ; c'est un des tableaux qui sont le plus entourés. M. Goeneutte, avec sa *Mi-Carême*, amuse fort aussi le public ; toutefois les qualités pittoresques de l'artiste s'y montrent moins que dans ses études de paysages. M. Frappa reste encore vulgaire et commun dans son *Bureau de nourrices*, malgré la bonne observation des types, mais il a peint un bon portrait, le *Portrait de Mme B…* Voici enfin MM. Toulmouche et Firmin-Girard qu'on ne s'attendait guère, en vérité, à rencontrer dans cette affaire. M. Toulmouche, il est vrai, résiste avec une conviction absolue au débordement d'impressionnisme environnant ; il continue à habiller avec le soin extrême qu'on lui connaît, dans des intérieurs riches et bien soignés, de jolies personnes, dames ou demoiselles, d'un tempérament calme et d'une correction irréprochable, en robes de satins luisans, au milieu d'un mobilier Louis XVI. La *Consolation* et l'*Avenir* nous reportent vers d'autres temps et vers un autre art. Cette correction imperturbable des mobiliers, des toilettes, des visages, semble aujourd'hui un peu froide, même dans le milieu mondain où se place M. Toulmouche, dans ce milieu qu'il connaît si bien, mais que le goût du mouvement, de la couleur, de la vie a déjà bien pénétré et transformé. M. Firmin-Girard serait-il lui, plus ébranlé dans ses habitudes de patience méticuleuse ? Il semble croire, à son tour, qu'une bonne enveloppe de lumière et qu'une honnête liberté dans le rendu donnent plus de charme et plus de vie à la peinture. Ses *Chaumières à Onival-sur-Mer*, son *Givre*, ses *Charbonniers* montrent en lui un meilleur paysagiste qu'on ne croyait.

Les voisinages et les camaraderies du Champ de Mars n'auront pas été peut-être inutiles à d'autres dessinateurs attentifs et sérieux, mais qui tombaient aisément dans la froideur, la sécheresse ou la minutie. Il faut hurler avec les loups, il faut brosser avec les brosseurs, il faut improviser avec les improvisateurs. Un peu de hâte n'a pas nui à M. Aublet non plus qu'à M. Rosset-Granger qui se précipitent, un peu vite peut-être, du côté des éclairages à la mode, mais qui semblent mieux dégager, dans cet effort rapide, l'un ses qualités d'observation fine, l'autre ses qualités de décorateur. M. Aublet étudie surtout les Parisiens et Parisiennes au bord de la Manche. M. Rosset-Granger les rencontre en Provence. Dans son *Soir de fête*, deux jeunes filles, dans un jardin au bord de la mer, allument des lanternes vénitiennes. Vous voyez d'ici toutes les complications : lueurs des flammes sous les papiers rouges, lueurs du ciel crépusculaire, reflets dans les verdures, reflets sur les eaux. C'est aussi dans leurs villégiatures que MM. Duez et Roger Jourdain comprennent le mieux leurs contemporains et contemporaines. M. Duez est, de tous, le peintre le plus franc et le plus vif ; son *Café sur la terrasse* est une fort jolie étude. Parmi ces petits peintres de mœurs, deux méritent une attention spéciale par le nombre comme par les qualités de leurs œuvres : M. Brandon, qui a consacré sa vie à l'étude des synagogues et à la représentation des cérémonies du culte juif ; M. John-Lewis Brown, qui s'est voué à l'équitation, au turf, aux haras, qui ne vit qu'avec les entraîneurs, les jockeys, les gentlemen-riders. Le premier est un dessinateur correct, classique, plein de tenue, un peintre grave et attentif, un peu triste ; l'autre, au contraire, est un coloriste capricieux, romantique, agité, un peintre joyeux, vif, inégal et gai, qui connaît, comme pas un, ses bêtes et ses gens, et adore, pardessus le marché, le paysage et le soleil. L'un médite, l'autre improvise. Tous deux sont des artistes intéressants, aux deux pôles de la peinture ; mais le dernier, comme on dit, est bien plus dans le train.

III

Plusieurs des peintres de genre cités plus haut joignent, nous l'avons vu, à leurs scènes de mœurs, d'agréables et de bons portraits. Quelques paysagistes en font autant. Quant aux portraitistes de profession, ils abondent. Au Champ de Mars comme aux Champs-Elysées, par la quantité, presque autant que par la qualité, c'est donc le portrait qui domine, et, avec le portrait, la tête d'étude, ou, comme on disait autrefois, la tête d'expression. Le catalogue annonce seulement deux portraits de M. Ribot ; mais, en réalité, ses huit autres peintures ne sont que des études de têtes, isolées ou groupées, avec une recherche plus ou moins marquée, de physionomies expressives, sous un prétexte quelconque. Tous ces morceaux de bravoure, *Au Sermon*, les *Titres de famille*, les *Perles noires*, la *Tricoteuse*, etc., sont brossés avec la vigueur qu'on sait, dans une pâte forte et généreuse, éclatante et rutilante dans les chairs sanguines, blanchâtres ou couperosées, extrêmement sombre dans les vêtements noirs et dans les fonds obscurs. C'est le système un peu brutal des Bolonais, de Caravage, de Ribera, repris, dans toute sa simplicité, avec moins d'imagination, mais avec une énergie robuste. M. Ribot y joint, de son cru, certains accents souples et piquants dans les clairs qui donnent à chaque morceau de cette collection à l'aspect monotone une valeur d'art réelle et durable. Il est certain, d'ailleurs, que cette manière unique de regarder la nature, ce parti-pris de l'examiner sans cesse sous le même jour et sous un jour préparé, n'est pas fait pour ouvrir de vastes horizons à la peinture. C'est le régime cellulaire, et, à moins d'être Rembrandt, trop paysagiste, trop passionné, trop aventureux, lui, pour s'y enfermer pendant longtemps, on a bien vite fait le tour de ce cachot. Quoi qu'il en soit, dans cette prison volontaire, l'œil de M. Ribot s'est singulièrement affiné ; il démêle, sur les visages le plus souvent vulgaires et bourgeois, mais bons et honnêtes qu'il analyse, toutes sortes de taches, de reliefs, de plissements, de lueurs, dont il nous redit les étrangetés et les complications avec un si vif plaisir de peintre qu'il nous le fait partager. Parfois même il joint à cette savoureuse facture une intensité d'expression assez remarquable. Des études comme la *Femme aux lunettes* et la *Flamande* valent de beaux portraits. On ne s'imagine pas une école entière se condamnant à la virtuosité noire et blanche de M. Ribot, non plus qu'à celle de M. Henner ou de M. Carrière ; mais quand cette virtuosité porte des fruits si savoureux, il faut bien l'accepter. La vraie peinture est bonne à prendre, de quelque endroit qu'elle vienne ; les bons ouvriers font les bons artistes.

Le grand succès du Champ de Mars est pour M. Carolus Duran. Du moment qu'il s'agissait de faire brillant et de faire vite, on était sûr de trouver là ce magnifique improvisateur. L'idée d'une lutte nouvelle l'a mis en verve. Tandis que, chez la plupart de ses camarades, moins bien outillés ou moins bien doués, ce grand coup de fouet n'a amené que de piteux résultats, pour lui, cette entrée en campagne a été l'occasion immédiate de faire résonner à la fois toutes les sonorités de son riche clavier, de faire chatoyer toutes les nuances de sa palette multicolore. Ni rigoureux dessinateur, ni physionomiste profond, M. Carolus Duran est pourtant un portraitiste rare et supérieur par la sincérité qu'il apporte à rendre, dans tout son éclat et toute sa variété, la première et saisissante apparence des êtres vivants, par l'aisance et par la verve avec lesquelles il les campe et les anime dans la vérité de leurs allures, de leur air, de leurs ajustements. Voici qu'il nous montre, sur une seule rangée, quatre portraits de jeunes femmes en pied, tous d'un aspect différent. La première, la *Princesse de****, tenant son éventail, est en robe décolletée, d'un blanc doré, avec un grand manteau violacé, costume de soirée dans le goût empire ; la seconde, Mme ***, s'avance, devant une tenture jaune, en robe noire bien ajustée à reflets bleuâtres, portant haut la tête dans une large collerette montante, costume de cérémonie dans le goût Louis XIII ; la troisième, *Mlle S...*, une toute jeune fille, une brunette fraîche et rose, en toilette de ville, porte un délicieux costume gris, avec ceinture et jabot rosés ; la quatrième, *Mme ****, beauté svelte et correcte, d'une allure élégante et vive, les bras nus, les épaules nues, portant au front le croissant de Diane, se dresse dans une robe d'un rouge éclatant, laissant traîner les grands plis noirs de son manteau de fourrures. Pour l'exactitude et pour la finesse des modelés, pour la distinction générale, cette dernière est la victorieuse ; la plus charmante, pour la musique harmonieuse et douce des colorations savamment rythmées, c'est la troisième. Entre ces quatre grandes toiles, vers lesquelles l'éclat des velours, des satins, des visages attire d'abord les yeux de la foule, M. Carolus Duran a placé deux portraits à mi-corps qui nous semblent supérieurs encore par des qualités d'un ordre plus relevé, par l'expression puissante et complète de physionomies moins naturellement séduisantes ; c'est d'abord le *Portrait de M. Thaulow*, le paysagiste norvégien, bonne figure bien saine et bien fraîche, vivante, ouverte, s'épanouissant, toute rose et blonde, en pleine lumière, au-dessus d'un éclatant veston bleu tout neuf. Ce n'est qu'une esquisse, mais emportée de haute verve, d'un accent singulièrement joyeux. C'est ensuite le *Portrait de Mme ****, une vieille dame, en noir, grasse, un peu ridée, à l'air bienveillant, sans coquetterie et sans prétention. C'est, à notre gré, l'un des meilleurs morceaux, le plus sérieux et le plus poussé peut-être qu'ait peint M. Carolus Duran.

MM. Gervex, Roll, Duez, dans cette course au clocher, ont été moins heureux que M. Carolus Duran. Les portraits à mi-corps de M. Gervex ne sont, cette année, qu'intéressants, et sa pièce capitale, le *Cabinet de rédaction de la « République française, »* n'est pas exécutée avec la vigueur et l'éclat qu'on devait attendre. Les cinq personnages réunis, MM. Spuller, Challemel-Lacour, Joseph Reinach, Emmanuel Arène, Jules Roche, par la variété des types et par le caractère accentué des physionomies, offraient cependant, à un dessinateur sérieux et à un coloriste brillant comme l'est souvent M. Gervex, l'occasion de faire un tableau historique d'un intérêt exceptionnel. Presque tout, par malheur, sauf la tête de M. Jules Roche, y reste à l'état vague d'ébauche ou d'indication. N'en est-il pas de même dans le *Portrait de George Hugo*, par M. Duez, dans ceux de *M. Coquelin cadet* et de *Mlle Jeanne Hading*, par M. Roll ? A l'inexactitude des modelés, à l'insuffisance de la structure, au désaccord des figures et des fonds, on devine une précipitation fâcheuse. Heureusement pour M. Roll, il affirme à quelques pas de là, dans la salle des pastels, par le beau *Portrait de M. Antonin Proust*, la persistance et les progrès de son talent. La tête y est modelée avec une souplesse et une délicatesse qui sont rares dans l'œuvre de M. Roll, dont la qualité ordinaire est plutôt l'énergie. On revoit aussi, de lui, avec plaisir, quelques bonnes études, d'une date un peu antérieure, l'*Enfant avec sa bonne*, la *Vieille paysanne*, dans lesquelles on retrouve sa force et sa franchise.

Le meilleur groupe de portraits est celui que nous offre M. Lhermitte dans son tableau destiné à la Faculté des sciences, *Sainte-Claire Deville*, dans son laboratoire, entouré de collègues et d'élèves. La scène est bien disposée. La plupart des têtes se présentent franchement, modelées par méplats comme la glaise du sculpteur avec des saillies plutôt excessives, dans une pâte grisâtre mais solide, avec force et ampleur. Il ne manque, à cette bonne toile, qu'un accord plus lumineux et plus chaud entre les diverses parties. Il est singulier que M. Lhermitte, paysagiste avant tout, vivant dans les champs, pèche précisément par une certaine sécheresse dans la distribution lumineuse. A côté de ses portraits, il présente plusieurs scènes champêtres et familières, la *Soif*, les *Foins*, le *Repos des moissonneurs*. Les paysans et les paysannes, peut-être un peu jolis, y sont toujours groupés avec un art parfait et dessinés avec une aisance et un goût exceptionnels. Combien toutes ces figures en plein soleil seraient néanmoins plus vivantes et plus attirantes, si le soleil qui les éclaire était plus brillant et plus chaud !

Autour de ces chefs de file apparaissent encore un grand nombre de portraitistes intéressants : les uns, cherchant l'expression dans la franchise et la vigueur du rendu, comme M. Rixens, qui a fait aussi une amusante réunion de portraits dans *Un jour de vernissage au palais des Champs-Elysées*, ou comme M. Desboutin, qui cherche plus le caractère que l'élégance et qui le dégage souvent avec une rare franchise, moins pourtant dans ses peintures que dans ses eaux-fortes. D'autres poursuivent l'expression par la finesse de l'observation et la délicatesse du dessin ; c'est avec plaisir qu'on trouve, autour des coloristes à outrance et des harmonistes superficiels, des artistes, un peu moins brillants, mais discrets, attentifs, parfois pénétrants, tels que MM. Courtois, Meslé, Perrandeau, Picard. Ce dernier, en particulier, dans deux portraits de jeunes femmes, comme dans le *Portrait de M. Hoschedé*, montre des qualités vraiment précieuses d'analyste et de dessinateur. Le *Portrait du baron de W...*, la *Jeune Fille en Japonaise*, le *Portrait de M. Lebargy* compteront aussi parmi les études les plus fines et les plus distinguées qu'ait faites M. Courtois.

A la tête des impressionnistes marche M. Blanche, avec une série de huit grands portraits, peints à l'huile, mais traités en pastels, d'un ton mat, qui soulèvent les exclamations des uns par leurs incorrections et leurs gaucheries bizarres, qui excitent - l'enthousiasme des autres par les délicatesses et les harmonies de leurs tonalités. Il y a, en effet, chez M. Blanche, par instants, de quoi rire, et par instants de quoi admirer. L'artiste qui a peint le fin *Portrait de Mlle Jeannine Dumas*, les images brutales, mais bien caractérisées, du *Docteur Blanche* et de *M. Henry Guérard*, n'est pas un artiste banal ; c'est un homme cultivé et troublé, volontiers excentrique, qui pense à beaucoup de choses, tantôt aux Anglais, tantôt à Hals ; seulement ; il prend Hals par le mauvais bout, le Hals de la fin, le Hals infirme, tremblotant, presque aveugle. Cependant, même à cette époque, dans sa décrépitude, quand le vieux Hals brossait une main, on sentait encore sous la touche vive, large, longuement coulée dans le sens de la forme et du mouvement, on sentait toujours les muscles et la vie. Qu'on compare la main de Henry Guérard, par M. Blanche, cette main qui, à distance, à force de brouillement coloré, fait quelque effet, avec une main quelconque de Hals, et l'on connaîtra la différence entre un praticien qui sait et un praticien qui tâtonne.

Il y a quelque parenté entre M. Blanche et M. Boldini. Celui-ci redoute encore moins les excentricités fin de siècle. Il continue à donner à ses jolies femmes, sous prétexte d'élégance, pour bras et pour jambes, des baguettes fuselées qui n'ont qu'un lointain rapport avec la nature. C'est, d'ailleurs, un peintre infiniment plus habile et un observateur plus pénétrant, d'une tournure d'esprit ironique, sceptique, caricaturale, singulièrement avisé, audacieux et amusant. Comme peintre de genre, il a fait une étude de cocher parisien endormi dans sa voiture, qui est une petite merveille de peinture et de justesse dans l'exécution. Dans son *Portrait de M. John-Lewis B..*, marchant par les rues avec sa femme et sa fille, il n'a pas sans doute la prétention de flatter ni d'enjoliver les amis qu'il représente ; c'est néanmoins une peinture d'une habileté, d'une sûreté, d'un entrain vraiment rares, où la personnalité des personnages, dans leurs traits, dans leur allure, dans leur physionomie, est accentuée avec une verve très personnelle. Avec plus de sérieux, d'autres étrangers déploient aussi, dans l'art des portraits, des qualités bien remarquables, surtout au point de vue physionomique ; on ne saurait oublier les visages si francs, si honnêtes, si intelligents qui se dégagent de la pâte un peu lourde et plâtreuse des toiles de Mlle Breslau, notamment ceux de deux jeunes garçons en costumes d'été, *Messieurs Aymard et Thierry de M...*, non plus que la distinction et l'animation du *Portrait de M. le comte de M. H...* par M. Edelfelt. Quant aux pochades de M. Zorn, toujours piquantes par l'étrangeté de la complication lumineuse, elles sont brossées avec une désinvolture et une insouciance des formes qui nous font craindre pour l'avenir de ce talent si original.

IV

Des paysages, nous en trouvons ici encore, et en quantité, presque toujours à l'état d'esquisses, d'ébauches, de pochades. Peu de tableaux achevés, surtout chez les Français. Les étrangers nous apportent trois belles œuvres au moins, trois marines, *Avant l'orage* par M. Mesdag, *Comme brille le soleil après l'orage* par M.

Moore, *la Nuit* par M. Harrison. Il arrive aujourd'hui pour la mer et pour les eaux, ce qui s'est passé autrefois pour les plaines et pour les bois ; après s'en être servi longtemps comme de prétexte pour y montrer des embarcations, des naufrages, des batailles, peu à peu les peintres en font disparaître tous les acteurs humains et jusqu'à leurs traces. On aime maintenant la mer pour elle-même, pour son mouvement, pour son immensité, pour tous les accidents de sa vie calme ou agitée. Dans le tableau de M. Mesdag, le ciel pesant, la lumière troublée et comme souffrante sous l'amoncellement des nuées, la torpeur silencieuse et inquiète des vagues assombries, sont exprimés avec une admirable sûreté ; c'est à peine si deux ou trois embarcations, perdues à l'horizon, entre le grand ciel et la grande mer, nous font souvenir des dangers que peut courir l'homme dans ces tumultes de la nature. Même demi-solitude dans celui de M. Moore où l'horizon se dégage et s'éclaircit, tandis que les lames, mal remises de leur récente commotion, sursautent et palpitent encore, mais d'un mouvement languissant et comme épuisé. Dans *la Nuit* de M. Harrison, la solitude est complète : plus de voile, plus débarque, à peine, dans la hauteur, une bandelette de ciel ; encore ce ciel, sombre et verdâtre, se confond-il, dans l'obscurité tombante, avec la grande eau sombre et verdâtre qui occupe près lue tout le cadre. C'est plus hardi que la *Vague* de Courbet, plus hardi que la *Vague* aussi de M. Harrison, si admirée à l'Exposition universelle. Comment avec un carré d'eau obscure, presque noire, qui se soulève et se gonfle, sous une vague lueur lunaire, se creusant au centre comme un gouffre insondable, M. Harrison est-il arrivé à faire un tableau si étrangement intéressant et émouvant ? Toujours par la science. M. Harrison, comme MM. Moore et Mesdag, a mieux étudié la mer que les trois quarts de nos peintres n'étudient la figure humaine. Ses vagues sont analysées, dessinées, modelées avec une attention et une passion qui nous en font comprendre la profondeur, le mouvement, la puissance. Chez ces marinistes, comme chez les bons paysagistes que nous avons rencontrés aux Champs-Elysées, MM. Harpignies ou Français, rien de livré au hasard. L'inspiration procède du savoir.

C'est avec la même science que M. Thaulow, ce Norvégien dont M. Carolus Duran a fait un si beau portrait, nous montre les aspects terrestres de son pays dans ces trois excellentes peintures qui sont l'un des attraits du Salon, sa *Ferme en Norvège l'hiver*, sa *Ferme en Norvège l'automne*, son *Jour d'hiver en Norvège*. Cette dernière, un effet de neige, sous le soleil, dans un terrain montagneux, avec une paysanne au costume éclatant, en marche sur le premier plan, est particulièrement surprenante, non-seulement par la vérité brillante et grandiose de l'effet, mais par la solidité du fond, la limpidité atmosphérique, la splendeur de la lumière et la délicatesse des demi-teintes. Dans la section des pastels, les études de M. Thaulow, l'hiver et l'automne, *Au bord d'un fleuve*, ne sont pas moins saisissantes par leur accent de vérité et leur sûreté de rendu. Les Suédois, MM. Skredsvig et Hagborg, que nous rencontrons depuis plus longtemps à nos expositions annuelles, continuent à montrer un sentiment très vif des belles lumières, l'un dans sa *Villa Baciocchi, un jour d'hiver, près d'Ajaccio*, l'autre dans ses études de *Marée basse* et *Marée montante*. La Belgique est représentée par MM. Courtens, Verstraete, Goethals. Tous trois, par la gravité de l'impression, la liberté et la force de l'exécution, sont bien fidèles à la tradition nationale. La *Matinée d'automne*, par M. Courtens, brossée en décor, vue à bonne distance, est d'un effet puissant. On a rarement mieux rendu la splendeur dernière des feuillages jaunis et des campagnes empourprées. Le *Coup de vent par un temps pluvieux* montre la variété de ce talent inégal, parfois trop expéditif, mais passionné et robuste. M. Verstraete anime ses paysages par des figures naïves, bien vues et bien rendues. La Hollande nous donne M. Roelofs, avec son *Troupeau de vaches dans les dunes* ; la Suisse, MM. Burnand et Baud-Bovy, tous les deux aussi bons animaliers que sincères paysagistes, et qui traitent tous deux, en des pays divers, le même sujet, une descente de troupeaux, l'un en Provence, l'autre dans les Alpes bernoises, M. Eugène Girardet, qui passe avec talent de l'Algérie dans la vallée d'Auge. Nous trouvons aussi au Champ de Mars une bonne partie de la colonie autrichienne de Paris, le regretté Othon de Thoren, avec une intéressante collection de dix tableaux ou esquisses, M. Ribarz, exécutant très habile et voyageur infatigable, qui promène sa virtuosité de Normandie en Hollande, de Picardie en Auvergne, M. Jettel, avec plusieurs bonnes études picardes et bretonnes. Tous trois se rattachent très nettement à l'école française ; il en est de même de M. Pittara, de Turin. Parmi les Français, on constate une double tendance : les uns, séduits par les rêves de Corot, préfèrent par-dessus tout l'harmonie générale et douce de la peinture ; les autres, marchant sur les pas moins trompeurs de Théodore Rousseau et des Hollandais, apportent dans leur étude de la nature un esprit plus scientifique et une soumission plus scrupuleuse. A la tête des partisans du paysage poétique, artiste très distingué, très séduisant, marche aujourd'hui M. Cazin. La part d'interprétation et d'atténuation qu'il introduit dans la transposition des éléments naturels est sans doute très grande, et on ne saurait l'imiter sans péril ; mais cette interprétation est délicate et cette atténuation pleine de recherches exquises. *La Moisson* et *le Soir*, paysages sans figures, ont le charme de douces chansons rustiques murmurées à demi-voix ; lorsque le peintre indique avec discrétion des figures aimables dans ses paysages attendris, comme dans *les Voyageurs* et *un Soir*, il les y place avec une grâce parfaite et un sens tout à fait juste de la légèreté atmosphérique et de la sérénité lumineuse. Le Salon du Champ de Mars servira sa réputation comme il servira celle de quelques autres, peut-être plus studieux de la réalité, mais qui semblent disposés aussi à donner à leurs impressions l'ampleur et le charme des beaux rêves, ce dont on ne les saurait blâmer. M. Billotte, par exemple, donne à ses études en banlieue une distinction de plus en plus juste et précise. M. Iwill, jusqu'à présent vague et incertain, exprime dans sa Solitude et surtout dans ses pastels, *Matin à Dordrecht, Octobre en Zélunde, Baie de la Forest*, son sentiment poétique au moyen d'observations plus nettes et plus exactes. Dans sa *Lisière de bois* et ses *Chênes en hiver* M. Cabrit montre à nouveau cette entente délicate de la lumière fine et légère et cette connaissance de la structure végétale qui ont attiré sur lui l'attention, dès son apparition à Paris.

Dans notre Nord, les meilleurs paysages sont, d'abord, une série de petites marines, d'une exécution variée, souvent très colorée, par M. Boudin, et les belles études panoramiques, en plaines bretonnes, spacieuses et lumineuses, mais trop sommaires, de M. Damoye. Voici ensuite une *Matinée d'hiver* et surtout un *Soir d'hiver*, par M. Henri Saintin. La peinture de M. Saintin est un peu mince pour ses grands cadres, mais cet artiste apporte, dans l'analyse des effets doux de la lumière hivernale sur les arbres desséchés, les gazons pelés, la campagne déserte, une force et une délicatesse qu'on ne

II. LA PEINTURE AU CHAMP DE MARS.

remarque peut-être pas assez. C'est un paysagiste extrêmement consciencieux. Sous ce rapport, on ne peut lui comparer que M. Victor Binet. Celui-ci, à vrai dire, parmi tous nos jeunes gens, nous semble un de ceux qui devront aller le plus loin. Les motifs qu'il choisit pour ses études ne sont pas toujours riants et attrayants. Il s'arrêta devant lui, à peu près au hasard, croyant que, pour un artiste, tout peut être un excellent sujet de sensation et de pensée, mais partout il pousse son observation avec une conscience et une conviction d'où sortira quelque jour sans doute une personnalité bien marquée. Son *Soir*, ses *Carrières à Gentilly*, son *Jardinet à Montrouge*, ne figurent pas parmi les toiles les plus tapageuses du Salon, elles comptent parmi les plus sérieuses. Au Midi, nous rencontrons encore toute une escouade de Provençaux, M. Montenard, d'abord, toujours brillant et scintillant, mais qui s'empoussière à force de vouloir s'ensoleiller. Ses toiles ne nous offrent plus, au point de vue de l'authenticité de la lumière, de l'exactitude des objets, de la solidité des formes, toutes les garanties que nous trouvons, en revanche, chez M. Moutte dont *les Deux Compagnons* (un âne avec son ânier devant une porte) sont un des plus jolis tableaux du Champ de Mars, et chez M. Dauphin qui n'expose pas moins de cinq études provençales, de terre ou de mer, avec ou sans navires, toutes les cinq très saisissantes par la netteté vive de l'exécution et la justesse chaude de la lumière. Le paysage pyrénéen n'est raconté que par M. Gustave Collin dans un style ardent et coloré où on sent l'admiration du peintre pour Eugène Delacroix ; quelques-unes de ses études sont d'une sincérité puissante et chaleureuse.

Dans le paysage, comme dans le genre et dans le portrait, nous trouvons, en somme, au Champ de Mars ainsi qu'aux Champs-Elysées, malgré un entourage fâcheux de pochades sans intérêt et sans convictions, un certain nombre de résistances suffisantes aux paradoxes à la mode pour que les destinées de l'école ne semblent pas compromises, si tous ceux qui comprennent la nécessité d'un retour énergique à la science des formes par une étude plus rigoureuse du dessin se fortifient dans leurs convictions et se soutiennent entre eux afin de s'enhardir dans l'expression de ces convictions. La présence de M. Meissonier à leur tête est bien faite pour les encourager. Il n'est donc pas impossible que la campagne de 1890 au Champ de Mars, faite sous la direction de ce chef énergique, amène, comme celle de 1889, à l'exposition centennale, faite sous la protection de David, ce résultat, peut-être imprévu, que les peintres français se confieront plus pour l'avenir à la science qu'à la fantaisie, à l'étude qu'au laisser-aller !

III. LA SCULPTURE.

Les sculpteurs et graveurs en médailles sont, en masse, demeurés fidèles à la Société des artistes français. Leur exposition, dans la nef des Champs-Elysées, ne compte pas moins de 1,258 morceaux, tandis que leurs confrères, au palais du Champ de Mars, n'en ont apporté que 84, petits bronzes pour la plupart, bustes ou maquettes. Il va sans dire que ces 1,258 morceaux ne sont pas des chefs-d'œuvre et qu'ici, comme dans les galeries de peinture, une sage épuration aurait à la fois rendu service au public et aux artistes, au public que ce pêle-mêle fatigue et dégoûte, aux artistes que cette promiscuité compromet, lorsqu'ils ont du talent, et nourrit d'illusions, lorsqu'ils n'en ont pas. Jamais on n'a vu, entre autres, une collection si grotesque de bustes et de médaillons ; le buste et le médaillon sont, en sculpture, pour les apprentis et les amateurs, ce qu'est la nature morte en peinture, un champ facile d'exercices. Qui donc ne trouve pas un parent ou un ami de bonne volonté pour servir à cette expérience presque aussi naïvement qu'une bassinoire de cuivre ou un pot de chrysanthèmes ? Le modèle humain est, toutefois, plus respectable, et ce n'est pas sans quelque commisération qu'on voit éclater, sur tant de faces blanches, un air satisfait de bêtise profonde qu'elles doivent en partie, il faut l'espérer, à l'inexpérience maladroite de leurs interprètes. Pour la réception des figures entières, quoique avec moins d'exagération, on a apporté encore trop d'indulgence. Il serait temps, dans l'intérêt général, de mettre une digue à cette inondation d'inutilités et de substituer partout, dans les opérations du jury, un esprit de sévérité équitable et digne à un esprit de tolérance périlleuse qui ressemble fort à de l'indifférence. La *Société des artistes*, en améliorant l'installation de la sculpture, en donnant pour fond, aux marbres et aux plâtres, comme on l'avait fait à l'Exposition nationale de 1883, les belles tapisseries du Garde-meuble, s'est mise dans l'obligation de choisir avec plus de soin les ouvrages qui doivent apparaître dans ce beau cadre. Cette sélection lui serait d'autant plus facile que, chez les sculpteurs, à l'heure actuelle, le niveau de la science et même celui de l'imagination restent plus élevés que chez les peintres et que, dans cette section, les œuvres sont fort nombreuses qui attestent une conviction sérieuse, marquent un effort soutenu, et méritent, avec une attention sympathique, presque toujours l'estime et quelquefois l'admiration.

I

La première œuvre qui frappe les yeux, lorsqu'on entre, c'est la *Femme au paon*, de M. Falguière. En d'autres temps, c'eût été une Junon. L'artiste, dans son premier rêve, est peut-être parti de l'idée mythologique, et, si nous ne nous trompons, dans la femme nue qu'il exposait, sous ce titre, l'année dernière, à la section de peinture, on trouvait déjà l'attitude, sinon la grâce, qu'il prête cette année à sa femme sculptée. Les deux figures ont dû être faites en même temps, peut-être d'après le même modèle. En fin de compte, M. Falguière a bien fait de ne point donner de nom classique à cette belle fille. Reine et déesse, elle pourrait l'être, elle l'aurait été dans ces âges reculés où la beauté suffisait pour conquérir un trône et donner l'immortalité : ce n'est point la reine des dieux, elle n'en a ni la majesté ni la fierté ; ce n'est point la femme de Jupiter, elle n'en a ni la gravité ni l'orgueil. Nue, toute nue, debout sur des flocons de nuées, dédaignant tous les diadèmes, sceptres et joyaux, elle se laisse admirer, sans pruderie comme sans minauderie, sans pensée comme sans prétention, dans tout l'éclat frais de sa jeunesse, vive, élégante et fine. La main gauche pendante, elle laisse traîner l'autre avec indifférence sur le long cou d'un paon perché à son côté, sur une autre pile de nuages. Le paon, à vrai dire, est un oiseau plus pittoresque que sculptural et qui perd le plus sûr de son charme en perdant ses couleurs. Il a fallu toute l'habileté de M. Falguière pour tirer parti de cette longue queue massive et pour en ajuster presque harmonieusement la désagréable silhouette avec les silhouettes voisines de la figure et des nuages. Dans les parties basses, le groupe semble un peu évidé et ne présente qu'à peine cette solide distribution des masses qui doit rassurer le regard dans les œuvres de matière blanche et friable, le marbre et la pierre. Ici, le sculpteur s'est laissé tromper par le peintre. Où le sculpteur reparaît, avec toute la souplesse et la dextérité de sa main, toute la vivacité et la spontanéité de ses sensations, c'est dans l'exécution de la jeune déesse. L'outil alerte de M. Falguière a rarement travaillé le carrare avec pareil amour et pareille joie. Le marbre, sous son ciseau, devient, en vérité, de la chair vivante et frémissante. Le corps tout entier, souple et nerveux, est modelé avec une précision incomparable qui fait oublier l'angle disgracieux formé par l'écartement des jambes. On ne remarque pas non plus l'insignifiance expressive de la tête, petite tête parisienne, coiffée à la mode, avec sa mince chevelure relevée sur la nuque et plaquée sur le front, quand on voit cette petite tête sans cervelle si vivement tournée. L'idéal que le sculpteur s'est fait de la beauté féminine, en sculptant ce joli morceau, ne dépasse pas l'idéal mondain de notre temps ; c'est une beauté délicate et soignée, élégante et dédaigneuse, d'une élégance qui n'a plus rien d'héroïque ni presque d'aristocratique, d'une grâce aimable, mais si impersonnelle et si convenue qu'elle ne saurait pénétrer bien avant dans les âmes. Je m'imagine que, dans l'avenir, les déesses déshabillées de M. Falguière, comme les déesses en falbalas de Coustou et les déesses poudrées de Houdon, feront, avec le même charme, comprendre à nos arrière-neveux comment la société polie de son temps, les hommes de loisir et les femmes de plaisir, s'imaginaient la beauté idéale. Cela ne rappelle en rien les majestés robustes de l'antiquité romaine, ni les hautaines élégances de la renaissance ; c'est plus petit et plus frêle ; mais c'est toujours un rare et grand mérite de réaliser l'idéal de ses contemporains, quel qu'il soit ; le succès qu'obtient M. Falguière nous peut faire penser qu'il y est arrivé.

La *Tanagra* seule de M. Gérôme rivalise, dans la faveur publique, avec la *Femme au paon* de M. Falguière. C'est que les qualités apparentes y sont de même ordre. Quelle est la pensée de M. Gérôme ? Nous l'avouons à notre honte, elle ne nous semble pas très claire. Une femme jeune, mais de seconde jeunesse, déjà mûrissante, pour mieux dire, si l'on en juge à certaines pesanteurs de ses formes, à certains affaissements de ses carnations, est assise sur des débris de constructions, auprès d'une terre entr'ouverte, la tête droite, les jambes serrées, dans une attitude d'immobilité hiératique qui rappelle les déesses chaldéennes et égyptiennes.

III. LA SCULPTURE.

Dans la fouille béante à ses pieds, on voit sortir du sol quelques-unes de ces gracieuses statuettes qui ont rendu illustres les potiers-sculpteurs de Tanagra : une tête d'Athénienne enveloppée d'un voile, une Pallas casquée avec une cuirasse dorée. Elle-même, dans sa main gauche, elle tient une petite danseuse, aux vêtements polychromes, qui passe la tête dans un cerceau. Est-ce la beauté moderne qui médite sur la beauté antique, une Parisienne qui regrette et qui envie la vivacité printanière et l'élégance naturelle de la Grecque ? Dans ce cas, la pensée de l'artiste eût gagné à être définie par quelque accessoire, un bout d'ornement ou de vêtement, ou un accent plus franchement moderne imprimé à la figure. Que signifie, au contraire, le contraste marqué entre l'attitude, tout archaïque, qui nous reporte à des temps bien antérieurs à la résurrection des terres cuites béotiennes, et l'exécution plastique, toute réelle et toute moderne, qui nous ramène, par ses raffinements, vers des époques d'art moins simples et moins saines ? Quoi qu'il en soit, Grecque ou Parisienne, la dame potelée de M. Gérôme, comme la demoiselle nerveuse de M. Falguière, est nue, toute nue, et cette nudité, relevée et accentuée par une pointe de teintes roses habilement répandues sur le marbre moelleux et presque fondant, charme le public par le même aspect de réalité. Bien qu'on n'y sente pas la main d'un ouvrier si sûr, le fait est que certaines parties en sont traitées avec une souplesse délicate et rare. A peine peut-on regretter que, pour les attaches de ses poignets, la belle rêveuse ne ressemble pas davantage à ses sœurs de Grèce et qu'elle n'ait pas appris d'elles une façon de s'asseoir, en montrant le dos, moins pesante et moins écrasée. Ces accents, facilement donnés, d'un réalisme trop visible, sont plus faits pour séduire une minute les yeux par une sorte d'attrait sensuel que pour donner à une œuvre plastique la simplicité douce et grave qui la fixe d'une façon durable dans l'imagination.

La beauté voluptueuse et piquante, mais déjà fanée, d'hétaïre asiatique que M. Gérôme donne à sa déesse de Tanagra n'est point celle, en vérité, qui éclate dans les statuettes de jeunes femmes, élégantes, mais naïves, déterrées autour d'elle. Si nous retrouvions au Salon leur âme divine, avec la grâce naturelle et saine de leurs beaux corps, avec la bienveillance paisible et douce de leurs frais visages, avec le balancement nonchalant et souple de leurs attitudes harmonieuses, ce serait plutôt dans la *Danseuse*, de M. Chapu. Ce n'est pas que M. Chapu soit plus insensible que ses confrères aux séductions de la nature vivante, ni qu'il s'enferme dans la contemplation d'un idéal depuis longtemps réalisé. Il suffit de regarder cette *Danseuse*, placée sous une niche circulaire, pour constater chez elle, soit dans l'air fin, sinon coquet, de la petite tête, soit dans la façon de poser les pieds, soit dans la manière d'ouvrir à la hauteur de sa tête et d'agiter l'éventail, comme dans la forme même de cet éventail, toutes sortes de traits pris sur le vif et d'une réalité toute fraîche. Ainsi, sans nul doute, les céramistes de l'Hellade saisissaient, au passage, chez les belles promeneuses, dans le mouvement ou la physionomie, certains traits caractéristiques qui leur suffisaient pour donner la vie à leurs figurines sommaires, moins copiées que rêvées. C'est avec la même aisance que M. Chapu semble transposer, par un travail naturel d'imagination saine et bien cultivée, tous les éléments que peuvent lui fournir ses modèles ; en sorte que cette jeune danseuse, à la tunique flottante et transparente, antique par le costume et par la pureté ferme de la forme, moderne par la vérité du geste et la grâce de l'expression, nous conduit doucement vers le rêve et l'idéal par la sensation juste et nette de la réalité. N'est-ce pas là la plus haute fonction de l'artiste et son plus glorieux triomphe ? La noblesse de l'imagination plastique, la sûreté de l'exécution sculpturale qui désignent à l'admiration presque toutes les œuvres de M. Chapu se retrouvent, avec plus d'ampleur encore, dans la Muse en haut relief qui joue le rôle principal dans le *Monument de Gustave Flaubert*. Il y aurait fort à dire, il est vrai, si l'on jugeait ce monument au point de vue de la composition générale et significative. Si quelqu'un devait s'attendre à voir une Muse grecque méditer sur son tombeau, ce n'était point sans doute l'auteur de *Madame Bovary* et de *Salammbô*. Non pas que ce Normand, sanguin et ironique, fut insensible aux séductions puissantes de la poésie classique, mais dans la vie antique comme dans la vie contemporaine, ce qui paraît surtout l'avoir intéressé, c'est l'explosion, âpre et égoïste, des passions communes et brutales, l'étrangeté et la corruption des sociétés en décadence plutôt que la grâce et l'élégance des civilisations à leur apogée. La Muse qui pouvait s'asseoir à son tombeau, inspiratrice vigoureuse et bizarre, mêlant sur sa physionomie l'enthousiasme

III. LA SCULPTURE.

le plus ardent et l'ironie la plus amère, aussi violemment éprise des curiosités de l'archéologie que des fanfreluches de la mode, n'était pas, il faut l'avouer, facile à caractériser. La Muse qui écrit au pied du rocher sur lequel s'épanouit, dans un médaillon, la large face, chevelue et moustachue, de Flaubert, n'est donc que la Muse éternelle. Elle enregistre les titres de gloire du romancier, avec calme et sérénité, comme elle enregistrerait ceux d'un poète ou d'un philosophe, lui enseignant de plus qu'on peut unir la plénitude robuste de la beauté à la noblesse chaste de l'expression intellectuelle. Comme sculpture, c'est un des plus beaux morceaux qu'ait exécutés le maître et qui se place entre la délicate figure de la femme couronnant la tombe de Regnault et la noble figure de la Pensée se dévoilant sur celle de Daniel Stern.

Deux autres ouvrages d'un mérite supérieur, les groupes en marbre de MM. Marqueste et Puech, nous présentent, à la fois, dans une opposition intéressante, la beauté féminine et la beauté virile, telles que ces artistes la conçoivent, à travers les âges, dans la mythologie antique. Le *Combat de Persée et de la Gorgone* est un sujet qui hante depuis longtemps M. Marqueste. A son retour de Rome, en 1876, il l'avait déjà traité dans un modèle qui lui valut une première médaille et dont la fonte en bronze, placée dans un jardin public, fut aussi très remarquée pour ses belles découpures et son excellent rythme décoratif. Repris en marbre, modifiés et améliorés, le *Persée et la Gorgone* sont encore un des morceaux les plus entourés aux Champs-Elysées. Le jeune Persée, nu, svelte, bien découplé, semblable à un Mercure, coiffé d'un casque étroit à rinceaux ciselés, avec des talonnières ailées, vient de précipiter son ennemie à terre. Cette Gorgone n'est point, tant s'en faut, le monstre hideux qui hurlait, dans les temps héroïques, sur les métopes des temples doriques. C'est une Florentine de la Renaissance, comme son adversaire est un Florentin, et, n'était sa chevelure de serpents, ce serait, pour les proportions et pour la beauté du corps, une simple femme ou une simple déesse. Persée s'élance sur elle, lui appuie le pied droit sur la hanche, tandis qu'il lui empoigne d'une main la tête par ses tresses de reptiles, et de l'autre lève son cimeterre pour la lui trancher. Le mouvement est vif, énergique, ardent et donne à toute la figure du Persée un développement, en silhouette légère, d'un rythme ferme et net, d'une grande qualité sculpturale. La figure de la Gorgone nous parait moins heureuse. Outre que l'artiste aurait donné à cette lutte symbolique plus d'intérêt et plus de vraisemblance en prêtant à la malheureuse victime des proportions plus robustes et un caractère plus monstrueux, lui permettant de lutter à armes moins inégales, il faut reconnaître que, dans sa chute, elle ne se présente pas de tous les côtés d'une façon également claire au point de vue du mouvement ni satisfaisante au point de vue du rythme linéaire. L'exécution elle-même laisse quelque chose à désirer ; elle est un peu régulière, calme, froide pour la circonstance, elle ne donne pas à ce corps de femme hurlante, qui se tord et se démène sous un pied vainqueur, l'apparence expressive de muscles agités et de chair torturée. L'action du ciseau dans la matière joue un rôle important. Beaucoup de sculptures contemporaines perdent la moitié de leur valeur en passant de l'argile dans le marbre, parce que la transformation s'opère par la main de praticiens indifférents. Ce n'est pas le cas, sans doute, du *Persée et la Gorgone*, dont certaines parties sont traitées avec une sensibilité qui révèlent le toucher de l'artiste ; mais, dans une œuvre d'une si belle tenue et d'une si heureuse inspiration, on aimerait à trouver cette sensibilité répandue d'un bout à l'autre et partout égale à elle-même.

L'ouvrage de M. Puech, la *Sirène*, nous semble, parmi les groupes décoratifs, celui qui satisfait le mieux à toutes les exigences de l'imagination et de la technique. Le même sujet, une sirène enlevant un jeune homme, avait été déjà traité, avec un succès mérité, au Salon de 1874, par M. Aubé, peu connu alors. M. Puech semble s'être souvenu, en plus d'un endroit, du sentiment poétique avec lequel son prédécesseur avait disposé son groupe. C'était son droit, hâtons-nous de le dire : aucun des grands types, divins ou profanes, que la sculpture ou la peinture ont imposés à l'imagination humaine, n'a jamais été réalisé qu'à la suite de longs efforts successifs. Les meilleurs thèmes, dans les arts, sont presque toujours ceux qui sont devenus des lieux-communs, parce que l'artiste, n'ayant plus rien à expliquer de spécial et d'inattendu au spectateur, s'adresse plus directement et plus librement à lui par les qualités personnelles d'imagination et d'exécution dont il pénètre et remplit ce thème, afin de le renouveler, de le rajeunir, de le distinguer de tous les autres. Le groupe de M. Puech est

III. LA SCULPTURE.

mieux massé que n'était celui de M. Aube et présente à la fois une apparence plus ferme, plus décorative, plus dramatique. Comme dans le groupe de 1874, la sirène, s'élançant sur les vagues, retourne amoureusement la tête vers la proie volontaire qu'elle entraîne aux abîmes. Mais, si nous ne nous trompons, le jeune homme de 1874, mélancolique et maladif, se laissait emporter, comme un désespéré ou un résigné, comme un voluptueux de souffrance, sur la croupe du beau monstre, tandis que l'adolescent de 1890, tout jeunet et naïf, plein de vie et d'espoir, s'épouvante devant le grand inconnu, assis sur l'épaule blanche de la déesse, et cherche à se rejeter en arrière. La caresse impérieuse et tendre par laquelle la ravisseuse retient et affole l'enfant, l'enlaçant par la taille du bras gauche, lui serrant la main de son autre main, l'enivrant du sourire étrange de ses lèvres, du regard noyé de ses yeux demi-clos, du contact de sa chair et du frisson de sa chevelure, est exprimée de main de maître. La sensation d'entraînement rapide et irrésistible est à la fois donnée par le mouvement en avant du torse aux seins aigus, par le déroulement, en longs replis, de la croupe en queue de poisson, par le battement des grandes ailes qui soulèvent l'enchanteresse amphibie, poisson par le bas, oiseau par le haut, femme et amoureuse partout. Dans l'exécution des deux figures, toutes deux jeunes et saines, l'une plus robuste et ardente, l'autre plus frêle et plus nerveuse, toutes deux modelées avec aisance et souplesse, aucune trace d'hésitation ni d'effort ; tout le travail a un bel entrain de jeunesse, dans son habileté soutenue et presque excessive, qui réjouit vraiment les yeux. Il faut croire que la villa Médicis, dont on médit tant en ce moment, n'est pas un séjour si fâcheux pour les artistes, puisque M. Puech, qui en arrive, peut nous donner au débarquer un tel ouvrage, tandis que ceux qui l'y ont précédé, MM. Falguière, Chapu, Marqueste, continuent à se comporter de la façon qu'on sait.

Ces œuvres remarquables ne sont point les seules qu'ait inspirées à nos sculpteurs leur admiration raisonnée de la statuaire antique, cette admiration nécessaire et féconde qui maintient chez eux la tradition des fortes études, de la conception approfondie, du travail désintéressé. On aura beau dire, on aura beau faire, la sculpture, non plus que la peinture, ne saurait vivre uniquement par la copie, plus ou moins exacte, de fragments plus ou moins étendus de la réalité. Si les arts, comme les sciences, procèdent de l'observation, ils diffèrent sensiblement des sciences, en ce qu'ils prennent l'observation non comme but, mais comme moyen. La nature n'est pour eux qu'un répertoire de formes ou de couleurs que l'imagination des artistes combine à son gré pour s'adresser à l'imagination des autres hommes, par un langage visible qui suit ses lois spéciales et possède des ressources spéciales pour enchanter les yeux et pénétrer les âmes. La qualité la plus mystérieuse à la fois et la plus délicieuse du langage sculptural, n'est-ce pas cette combinaison juste et expressive des masses et des contours, des vides et des pleins, des cavités et des saillies, qui constitue, pour un œil délicat, un rythme aussi précis, une harmonie aussi profonde, que les rythmes les mieux cadencés et les plus riches harmonies du langage musical ? Et, cette qualité, n'est-il pas vrai que les Grecs l'ont possédée à un degré incomparable, avec une telle supériorité que le moindre fragment de marbre, la moindre terre cuite, sortie négligemment de leurs mains heureuses, nous en dit plus long, sous ce rapport, que les chefs-d'œuvre même les plus mâles ou les plus élégants de la renaissance, fille savante de l'antiquité, mais fille inquiète et agitée ? Comment donc blâmer les artistes, sains et laborieux, qui vont, de ce côté, chercher, dans ce temps de malaise intellectuel et de songeries pessimistes, le calme joyeux et noble de l'imagination ?

Quelle clarté, quelle netteté, quelle lumière dans ce génie grec ! Lorsqu'un sculpteur veut traduire une pensée humaine en langage plastique, c'est toujours à lui qu'il doit s'adresser ! Avec quelle abondance et quelle aisance les Grecs ont répandu sur la terre une quantité d'êtres imaginaires personnifiant si vivement tous les phénomènes de la nature et tous les états de l'âme qu'aucune civilisation postérieure ne les a pu remplacer ! Voyez combien les allégories réalisées par eux sont encore aujourd'hui intelligibles, vivantes, souvent populaires ! combien les allégories du moyen âge et de la Renaissance restent le plus souvent obscures, inexpliquées, malgré des surcharges d'accessoires explicatifs ! Aussi n'est-il pas étonnant que tant d'artistes bien doués, mais chez lesquels les facultés d'invention ne sont pas développées à l'égal de la puissance d'exécution, s'en tiennent à ces allégories traditionnelles, qu'il est toujours possible de ranimer suffisamment, par l'addition d'un accent personnel, pour qu'elles nous charment de nouveau, malgré leur ancienneté. Comme d'habitude, nous avons donc cette année une collection de Vénus, de Dianes, de nymphes des bois, de nymphes des eaux ; il en sera sans doute ainsi tant qu'il y aura des sculpteurs au monde.

La *Querelle d'amour*, par M. Tony-Noël, a tout juste, au point de vue intellectuel, l'importance d'une odelette anacréontique ou d'un distique de l'anthologie. Une jeune nymphe, nue et vive, vient d'enlever sa flèche à l'Amour ; elle refuse de la lui rendre, et l'en menace en sautillant, tandis que le gamin, gambadant, s'accroche à sa jambe. Comme combinaison aimable de mouvements et de lignes, comme légèreté et comme gaité, c'est tout à fait charmant ; cela fera un fort joli bronze. Il y a beaucoup de distinction aussi dans la façon dont M. Renaudot nous a représenté *Diane*. Grande, longue, svelte, comme la Diane de Fontainebleau, elle est assise sur une pierre, et caresse le cou d'un grand lévrier dont elle semble contenir l'ardeur. L'attitude est juste, l'expression chaste et doucement fière, et l'exécution du marbre est menée avec soin et délicatesse. M. Mathet, dans son *Oréade*, nymphe de montagnes, s'est efforcé de déterminer avec plus de hardiesse le caractère presque viril de la vierge chasseresse, menant une vie active et pure sur les hautes cimes, où elle se rencontre avec les oiseaux de proie. L'*Oréade* a, en effet, près d'elle, un aigle, aux ailes éployées, regardant dans la plaine. C'est une fille bien découplée, au buste long et mince, avec une gorge à peine saillante, des jambes fortes et nerveuses, qui se sont développées par la marche au détriment des parties supérieures. Dans la tête aussi le sculpteur a voulu marquer à la fois la force, la chasteté, la fierté ; M. Mathet n'est point un artiste banal, nous l'avions déjà remarqué en 1888, lorsqu'il obtint sa première médaille avec sa jolie figure de l'*Hésitation*. Là aussi l'on sentait que, d'un bout à l'autre, le sculpteur, en étudiant son modèle, avait toujours poursuivi une même pensée, consultant avec conscience la nature, mais dans une intention très nette, celle de rendre une sensation et un sentiment particuliers. De pareilles recherches peuvent être accompagnées d'inégalités et d'incertitudes dans l'exécution plus que lorsqu'on s'en tient à la bonne reproduction des types déjà fixés ; mais c'est par ces recherches, honnêtement poursuivies, qu'on renouvelle les sujets les plus rebattus et qu'on dégage sa propre originalité. Avec M. Mathet, le jury a récompensé son voisin, M. Rambaud, l'auteur d'une *Muse des bois*, et c'était justice. Cette jeune fille se distingue, moins que l'*Oréade*, de ses aînées ; elle est d'une beauté correcte que n'a point altérée son existence campagnarde, mais d'une beauté franche et jeune, sans prétention ni coquetterie, qui fait plaisir à voir. Elle approche de ses lèvres une syrinx ; cet instrument naïf suffit à une muse rustique et peu lettrée ; à ses pieds, un oiseau chante sur une branche fleurie. C'est encore un bon ouvrage, délicat et soigné.

Les deux jeunes sculpteurs qui se sont disputé le prix du Salon, MM. Charpentier et Gauquié, affichent le goût d'une beauté plus forte, et plus ample, chez les femmes aussi bien que chez les hommes. On pourrait même trouver que la *Chanson* de M. Charpentier est caractérisée par des formes trop puissantes pour le nom léger qu'elle porte. Mais, au lieu de la *Chanson*, appelons-la le *Chant*, et nous trouverons que c'est une très estimable figure, ne datant pas, en somme, et n'ayant rien de particulièrement moderne. Bien qu'elle marche sur un tambourin et une folie, et qu'elle porte à l'arrière-bras un bracelet de grelots, c'est plutôt une bacchante des montagnes qu'une chanteuse de casino ; ce qui sort de ses lèvres joyeuses, c'est plutôt un hymne qu'un couplet gaillard. Dans le modelé des membres, l'artiste a accentué cette apparence robuste ; on ne saurait lui en faire un crime. M. Charpentier, du reste, expose à quelques pas de là, un groupe, les *Lutteurs*, dans lequel son amour pour les formes vigoureuses se manifeste plus audacieusement, avec une sorte de brutalité réaliste qui, cette fois, compromet son sentiment du rythme sculptural. Ces lutteurs, nus, sont très modernes ; ce sont des lutteurs de barrière, puissamment musclés, aux membres noueux, de courte encolure et de têtes bestiales. Dans un brusque effort, l'un des combattants, saisissant son adversaire par les deux poignets, l'a fait pirouetter et tomber sur la tête, en sorte que les jambes de celui-ci s'agitent, toutes droites, en l'air : enchevêtrement bizarre qui ne peut durer, dans la réalité, qu'une seconde, le temps à peine d'être saisi par la photographie instantanée. C'est donc une attitude qui répugne à la sculpture, comme tout effet trop rapide pour que la pensée et l'œil n'en demandent pas la transformation immédiate. Supposez, dans un cadre, une peinture représentant un personnage qui tombe de la colonne Vendôme et demandez-vous s'il vous serait agréable de supporter longtemps ce spectacle. La sensation est trop passagère pour qu'elle puisse prêter à un développement artistique. Il y a toujours, même dans la convention pittoresque ou sculpturale, un degré de vraisemblance qu'il est nécessaire de conserver ; dans la sculpture surtout, pour goûter à loisir la puissance ou la beauté des formes en mouvements, l'œil exige d'abord une vraisemblance de durée dans ce mouvement. C'est ce qui rend si intéressant le groupe antique des *Lutteurs* au musée de Florence ; dans l'enlacement violent de ces deux adversaires cramponnés tous deux fortement au sol, on sent à la fois que l'effort dure depuis quelque temps déjà et que cet effort peut continuer encore sans que l'équilibre des figures soit instantanément et forcément bouleversé. On a donc le temps de suivre la tension de leurs muscles, la durée de leur effort, l'expression de leur acharnement. Devant le groupe de M. Charpentier, l'œil reste inquiet et surpris, plutôt que satisfait. La disposition des membres, au premier abord, d'ailleurs, n'est pas claire et c'est un grave défaut. La conception, en réalité, n'est pas heureuse, mais l'exécution a des qualités de force et d'ampleur qui, dirigées avec plus de goût, nous promettent un vaillant sculpteur.

M. Gauquié, moins habile peut-être, possède un fonds de tempérament presque semblable ; sa lutte entre *Bacchante et Satyre* est menée avec une vigueur remarquable. M. Gauquié, né près de Lille, a-t-il du sang flamand dans les veines ? On pense à Rubens et à Jordaëns en regardant son groupe. La bacchante est une gaillarde de leur entourage, charnue et dodue, qui peut lutter à armes égales avec le satyre velu, tombé à ses pieds, qui s'efforce de la saisir par la taille et qu'elle éborgne en lui égratignant le visage de ses ongles. C'est de la sculpture un peu sommaire, mais forte et joyeuse, bien balancée, bien équilibrée, vivante et décorative, dans le goût du XVIIe siècle. La *Nymphe lutinant un Dauphin*, par M. Larroux, est de la même famille ; ce n'est qu'une suivante de Thétis, une bonne grosse commère, joviale et commune ; la plaisanterie qu'elle fait en fourrant ses doigts dans les ouïes du monstre patient qui veut bien la porter sur son des est aussi une grosse plaisanterie ; toutefois, le groupe est amusant et forme une bonne masse décorative. On sent des préoccupations plus classiques, moins de diable au corps et plus d'expérience, dans une autre composition bachique, la *Caresse*, de M. Ludovic Durand. Il s'agit là d'une bacchante amoureuse qui, à défaut de mieux, enguirlande le cou d'une tête sculptée de satyre grimaçant et riant au-dessus de son piédestal. La belle s'adosse à la gaine de marbre, levant les bras et retournant la tête. C'est encore une beauté un peu forte, mais correctement et largement modelée. De ce côté, du reste, le vent est aux déesses presque mûres, plutôt épaisses que sveltes, plutôt pesantes que légères, même lorsqu'elles devraient être vierges ou le paraître. N'est-ce pas, dans une certaine mesure, le défaut de la *Léda* de M. Roulleau, un bon travail, cependant, où l'auteur s'est inspiré, pour l'attitude et pour l'expression de tête, de Léonard et de Baudry. M. Roulleau a tiré très bon parti, pour l'équilibre décoratif, du grand cygne qui allonge son cou sur la hanche de la jeune femme et qui s'apprête à l'envelopper de ses larges ailes. La *Léda* elle-même, dans son ensemble, se présente agréablement ; et l'exécution de ce marbre serait presque partout satisfaisante, n'était un contraste assez marqué entre le développement robuste du torse et des jambes et la gracilité un peu maigre et molle des bras et des mains.

L'une des grandes difficultés de la statuaire, c'est de garder, d'un bout à l'autre, dans une figure dont l'exécution exige des mois et des années de travail et pour laquelle il faut souvent consulter des modèles différents, cette unité dans le rendu qui est la marque des œuvres parfaites. Quand cette unité manque dans un modèle en plâtre, ce n'est que demi-mal, parce que l'artiste peut encore remédier à ce défaut avant la fonte ou la mise au point ; quand l'erreur est fixée dans le marbre, elle est irréparable. A ce point de vue, l'exposition au Salon est toujours, pour les modèles, une bonne épreuve, qui permet aux artistes consciencieux de s'examiner, de se corriger, de donner, par une révision rapide, plus d'aisance et d'harmonie, à des figures dans lesquelles on sentait trop encore l'effort d'une composition laborieuse ou la juxtaposition mal dissimulée d'éléments divers. Parmi les sculpteurs signalés plus haut, il en est plusieurs, tels que MM. Gauquié et Larroux, auxquels profitera sans nul doute cette épreuve publique. Nous donnerions volontiers le même conseil à M. Hector Lemaire, pour sa *Vénus*, inspirée par les vers d'Alfred de Musset, et tordant ses longs cheveux. La déesse pose, debout, sur un dauphin que conduisent deux enfants ; la tête est assez jeune et triomphante, et, dans l'allongement du corps, on sent une recherche d'élégance aristocratique qui contraste avec l'épaisseur des Vénus populaires répandues çà et là dans le jardin. M. Lemaire destine sans doute cette figure à la fonte ; la silhouette, en effet, en est nette, vive, légère ; maison y voudrait une allure plus aisée et plus libre, en même temps qu'un caractère plus soutenu et plus chaleureux dans le modelé d'ensemble ; c'est ce que M. Hector Lemaire peut lui donner par une révision attentive. Nous signalerons encore, comme pouvant gagner à être simplifiées et allégées, la nymphe assise sur un monstre que M. Engrand appelle le *Rêve* ; la *Nuit*, ingénieusement disposée, mais beaucoup trop compliquée, par M. Dolivet, et même l'autre *Nuit*, de M. Dagonet, bien que cette dernière soit déjà plus intelligible, plus simple et plus élégante.

II

La seule statue équestre du Salon est la statue d'un peintre, *Velasquez*, par M. Frémiet. Cet artiste éminent nous a depuis trop longtemps accoutumés aux caprices originaux de son imagination savante et hardie pour que nous soyons surpris de cette nouvelle fantaisie. A vrai dire, lui seul pouvait l'avoir ; il ne tardera pas à rencontrer des imitateurs, car il a certainement trouvé, tant au Champ de Mars qu'aux Champs-Elysées, des cœurs pour le comprendre et des mains pour l'applaudir. On avait représenté, sur les places publiques, des peintres en académiciens, des peintres en ambassadeurs, des peintres entourés de leurs élèves ; mais on n'avait pas encore pensé à les mettre à cheval, comme les condottieri, les empereurs, les héros, comme Colleoni et comme Charlemagne, Marc-Aurèle et Jeanne d'Arc, et vraiment cela manquait à leur gloire. Grâce à un sculpteur équitable et compatissant, voici donc une injustice réparée, et, d'ici peu, nous pouvons nous attendre à voir chevaucher sur les places publiques Léonard de Vinci, Rubens, Van Dyck, Carle Vernet, Géricault, tous grands peintres de chevaux, tous grands amateurs d'équitation, comme on sait, qui méritent cet honneur autant que Velasquez. Une fois cette résolution bien prise de représenter les grands hommes non pas dans leur occupation la plus glorieuse, mais dans leur passe-temps le plus agréable, nous ne tarderons pas à varier infiniment les

attitudes jusqu'à présent si monotones de tous les grands artistes ;
Ingres, sur son piédestal, nous jouera du violon, Horace Vernet
sera habillé en maître d'escrime, Rossini, devant un fourneau,
exécutera un plat de sa façon, tel autre nous montrera son adresse
au bilboquet et tel autre pincera de la guitare. L'enseignement de
l'histoire par la statuaire deviendra ainsi un enseignement fort
divertissant, mais qui aura besoin, plus que jamais, de nombreux
commentaires.

En attendant que l'exemple donné porte ses fruits, il est juste
de déclarer que M. Frémiet, suivant sa coutume, s'est tiré le
plus spirituellement du monde de cette aventure. Si ce cavalier
empanaché, raide et empesé sur sa haute selle brodée, n'éveille pas
en nous forcément, au premier ni même au second abord, l'idée
d'un peintre, d'un peintre coloriste et d'un peintre de portraits, il
évoque du moins, avec une puissance singulière, l'idée des choses
et des hommes parmi lesquels a vécu ce peintre. L'allure ramassée
du cheval vigoureux et court, l'attitude compassée et correcte du
noble courtisan tenant à la main une tige de laurier, son large feutre
surchargé de plumes, son épaisse chevelure, sa haute collerette
empesée, son manteau court battant son dos, ses vastes manches
pendantes et chargées de pendeloques, tout évoque l'image de
l'Espagne sous Philippe IV. Pour compléter la résurrection, il ne
manque que la polychromie. Cette statue devrait être peinte, car
c'est en peintre, autant qu'en sculpteur, que M. Frémiet l'a conçue et
exécutée. Tous les traits en sont pris à l'œuvre peinte de Vélasquez ;
il n'est pas jusqu'aux nœuds de rubans, ces jolis nœuds noirs et
roses, si joliment attachés à la robe grise de l'infante dans le tableau
du Louvre, que nous ne retrouvions à la crinière du cheval et
au-dessus de la botte du cavalier. C'est une transposition hardie
d'un art dans l'autre faite avec une habileté, une conscience, une
verve vraiment rares. Comme Philippe IV serait heureux d'avoir
une pareille statue ! mais le pauvre sire a l'habitude de semblables
déconvenues ; c'était son premier ministre qui régnait à sa place,
c'est son premier peintre qui enfourche son cheval.

Auprès de ce peintre épanoui dans sa belle santé et dans son beau
costume, auprès de ce chevaucheur magnifique et triomphant,
tous les autres héros, militaires ou civils, qui s'entremêlent, dans le
jardin, aux Vénus et aux Lédas, semblent quelque peu bourgeois,

III. LA SCULPTURE.

déclamatoires ou piteux. Il y a cependant parmi eux quelques honnêtes gens très corrects de costume et d'allure, très corrects aussi d'exécution, tels que le *Gay-Lussac*, par M. Aimé Millet ; le *Méhul*, par M. Croisy ; le *Du Guesclin*, par M. Hector Lemaire, mais, comme on dit, « l'habit ne fait pas le moine, » et c'est toujours la physionomie du moine qui reste difficile à exprimer. Quand il s'agit d'un grand chimiste comme Gay-Lussac, ne serait-il pas à propos de le représenter faisant de la chimie, au lieu de nous le montrer dans son costume d'académicien, un costume d'étiquette impersonnel et exceptionnel ? Sans doute, nos places publiques sont couvertes de personnages dans le même appareil : poètes, dramaturges, historiens, économistes, mathématiciens, artistes, tout y passe ; ce n'en est pas mieux pour cela, et ce n'est pas apprendre grand'chose à l'enfant curieux, en extase devant un bronze, que de lui dire : « C'est un académicien. » Gay-Lussac, auprès de ses cornues, n'aurait pas été un moindre personnage qu'un Gay-Lussac en habit brodé, culottes courtes, l'épée au côté ; il aurait agi bien plus clairement et plus vivement sur l'imagination de ses compatriotes limousins dans le présent et dans l'avenir. Dans ces dernières années, on a vu, aux Champs-Elysées même, des statues d'Arago et de Montgolfier dans lesquelles l'astronome et l'aéronaute étaient caractérisés par des attitudes plus parlantes pour les yeux de la foule. Présenter tous les savants sous l'aspect d'académiciens, ce n'est pas en dire beaucoup plus sur leur compte que si on les plantait sur des chevaux, comme les peintres. Encore est-il des académiciens explorateurs, connus par leurs expéditions scientifiques ou archéologiques, pour lesquels une monture, le cheval arabe, le dromadaire du Sahara, voire même le mulet montagnard et le petit âne d'Egypte, pourraient être une désignation glorieuse. Le mieux, dans toutes ces affaires, serait de s'en tenir au gros bon sens, et, quand on représente un grand homme, de le représenter aussi clairement que possible dans l'exercice de sa profession. Le Napoléon académique de Canova et le Napoléon romain de Chaudet n'ont jamais été pour personne le vrai Napoléon ; c'est l'homme au petit chapeau, l'homme en redingote grise qu'il nous faut. Tout ceci soit dit sans diminuer le mérite de l'œuvre de M. Aimé Millet qui s'est conformé sans doute à des instructions précises en exécutant, avec soin, son

Gay-Lussac dans cette donnée officielle ; mais comme on est en train, dans toutes les villes de France, d'ériger des statues aux illustrations locales, et que beaucoup de ces illustrations ont eu l'honneur d'appartenir à l'Institut, il serait utile peut-être d'en varier l'uniforme. Le *Méhul*, pour la ville de Givet, par M. Croisy, est caractérisé plus résolument, au moins pour la date, par le costume qu'il porte, chapeau de feutre, culottes courtes, bottes molles, petit manteau par-dessus l'habit. Le *Du Guesclin*, de M. Hector Lemaire, destiné à son monument de Châteauneuf-de-Randon, est également reconnaissable, sous sa cotte d'armes armoriée, à sa tournure épaisse, à son geste décidé, à la lourdeur disproportionnée de ses extrémités. Le personnage n'était pas beau, mais n'était-ce pas le cas de trouver dans cette laideur même un moyen d'expression ? Est-ce pour dissimuler la laideur de cette tête que M. Lemaire l'a coiffée d'un grand casque à visière relevée dont l'ombre cache tout le haut du visage ? Un réaliste plus hardi eût au contraire accentué tous les traits disgracieux sous lesquels se cachait un si grand cœur, en les éclairant d'héroïsme. Ces trois statues, *Gay-Lussac, Méhul, Du Guesclin*, sont d'estimables ouvrages qui décoreront convenablement des places publiques ; mais il y manque la passion du sujet et la force de l'imagination.

Depuis quelques années, le goût des beaux monuments funéraires paraît de nouveau se répandre dans notre pays ; MM. Paul Dubois, Chapu, Mercié, Barrias, entre autres, ont montré ce qu'on pouvait mettre de poésie et de sentiment dans ces travaux. Le point difficile est toujours d'y bien faire ressortir, sans déclamation et sans sensiblerie, soit le mérite du défunt, soit la nature des regrets qu'il laisse après lui. Tous ceux qui ont parcouru les *Campi santi* d'Italie, surtout ceux de Gênes et de Milan, savent quel vaste champ peuvent offrir les tombeaux à l'imagination des sculpteurs. Si dans les nécropoles méridionales on rencontre plus d'une extravagance et plus d'une niaiserie, on y trouve aussi des figures d'une invention naïve ou ingénieuse, des scènes d'une agréable simplicité ou des allégories d'une poésie non banale, auxquelles ne manque, pour être des œuvres supérieures, qu'une exécution plus savante et plus sérieuse ou moins prétentieusement habile. Nos braves sculpteurs apportent, dans l'accomplissement de ces monuments, souvent destinés à disparaître dans le pêle-mêle de nos cimetières moins régulièrement disposés, la même conscience qu'ils mettent à préparer une figure pour un musée. Il est donc intéressant de les suivre dans cette carrière nouvellement ouverte à leur activité. Nous avons déjà vu comment, dans le *Monument à Flaubert*, M. Chapu a fait un chef-d'œuvre de sculpture, sans toutefois y montrer l'effort qu'on pouvait attendre pour exprimer la personnalité si particulière du romancier réaliste et archéologue. M. Barrias, dans son *Monument du peintre Guillaumet*, a trouvé la note juste, et le public l'a compris immédiatement. La biographie d'un peintre importe peu à sa gloire, et la postérité ne s'en soucie guère. Ce qui nous touche de lui, c'est son individualité d'artiste, le caractère général de son œuvre, la nature de son génie ou de son talent. La maquette en cire de M. Guillaumet a peut-être plus fait pour la réputation de ce vaillant artiste que l'exposition même de ses œuvres, à laquelle tout le monde n'a pu assister. Il n'est pas un visiteur du Salon qui ne se soit arrêté devant cette *Jeune fille de Bou-Saada*, assise, les jambes croisées, à la mode orientale, sur un tombeau de pierre et qui n'ait demandé, en la voyant si simplement attristée, et d'une main nonchalante laissant tomber des fleurs devant elle : « Qui donc regrette-t-elle ? » La réponse était aussitôt donnée par le médaillon de Guillaumet, modestement encastré, à ses pieds, dans la dalle tumulaire. Elle pleure l'artiste qui l'a le mieux comprise et qui n'a compris qu'elle, ou plutôt elle est sortie de l'œuvre même du peintre pour apporter un souvenir sur sa tombe. C'est ainsi que, l'année dernière, dans le monument de Baudry, par M. Mercié, la Muse qui couronne le buste était sortie de l'œuvre même de Baudry. M. Barrias a mis toute la souplesse de sa main et toute la bonté de son cœur à modeler cette simple et douce figure ; c'est une œuvre qu'on sent émue et qui, par conséquent, nous émeut.

Il n'est pas toujours facile de donner à la douleur qui s'assied sur une tombe un type si particulier. Lorsqu'il s'agit d'une douleur privée n'ayant pour objet que des vertus morales ou intellectuelles qui ne se sont point exercées en dehors du cercle des relations domestiques ou sociales, l'allégorie reste forcément plus générale ; ce qui ne l'empêche point de pouvoir être vivement expressive comme celle, par exemple, que M. Mercié sculpta autrefois pour le tombeau de Mme Charles F... La belle figure en marbre, destinée par M. Coutan au tombeau de Mme Louis Herbette, rentre dans la série de ces allégories un peu vagues, mais néanmoins saisissantes par l'ensemble mélancolique de l'attitude, du geste, de la physionomie. C'est une sorte de matrone ou de prêtresse antique, au visage noble et régulier, assise sur un siège bas, entre deux consoles renversées, appuyée à un tronc d'arbre desséché. La tête penchée sous de grands voiles, le corps affaissé sous l'amas des plis amples de sa tunique et de son manteau, elle semble arracher tristement de la main une feuille de chêne, la seule qui reste attachée à un tronc dont les racines tortueuses s'enchevêtrent sous ses pieds. Devant elle, sur le sol, gisent quelques autres feuilles mortes. Le geste est d'une tristesse puissante et d'une haute résignation ; ce marbre, taillé largement dans la manière grandiose et décorative du XVIIe siècle, fait grand honneur à M. Coutan.

Le plus important des monuments commémoratifs exposés est le *Monument de Mgr Donnet*, archevêque de Bordeaux, destiné à la cathédrale de cette ville. L'artiste, M. Delaplanche, nous le présente, dans son ensemble, avec la plinthe et le sarcophage de marbre noir figurés par des charpentes peintes, et nous voudrions voir cet exemple plus fréquemment suivi. Il est certain que les trois figures qui le composent, l'archevêque agenouillé, à une assez grande hauteur, au-dessus du sarcophage, et les allégories de la *Foi* et de la *Charité*, qui se tiennent, de chaque côté, dans la partie basse, perdraient beaucoup à être isolées d'un milieu architectural qui explique leurs proportions et leurs mouvements. L'archevêque, tête nue, en vêtements sacerdotaux, sa mitre et sa crosse à ses pieds, est agenouillé au sommet, la tête levée vers le ciel, la main gauche sur son cœur, comme pour attester sa croyance, la main droite tendue, comme pour demander que ses actes soient jugés. Les deux figures, placées en contre-bas, correspondent par leurs attitudes à ce double mouvement. Toutes deux lèvent sans affectation leurs regards du côté du prélat, la *Foi*, lui offrant le calice avec l'hostie et répétant le geste de la main sur le cœur, la Charité portant un enfant sur l'un de ses bras et soutenant de l'autre un petit garçon debout à son côté. C'est aussi dans le style ample et robuste, largement étoffé, du XVIIe siècle français, que M. Delaplanche a exécuté ces trois figures avec l'aisance et la dignité que donne une expérience consommée. La figure de la *Charité*, notamment, est un morceau grandiose de la plus noble allure.

Les sculpteurs qui reçoivent des commandes de cette importance et de ce genre passent, parmi leurs camarades, pour des privilégiés et des heureux. En attendant qu'ils soient chargés d'éterniser en public l'image d'un personnage illustre, vieux ou nouveau, ceux qui ont le goût des résurrections historiques sont, d'ordinaire, longtemps réduits à s'y préparer en essayant d'immortaliser des héros de leur choix. C'est ainsi sans doute que MM. Labatut, Vital-Cornu, Gauquié, se sont épris, l'un de Caton d'Utique, l'autre d'Archimède, le troisième de Brennus. Le premier a représenté le vieux Romain à ses derniers moments, assis, une main posée sur le Phédon qu'il vient de lire, et, de l'autre, tenant l'épée dont il va se frapper. Le bras étendu sur le papyrus semble un peu raide, mais l'attitude générale est simple et ferme, et c'est par une étude réaliste de bon aloi que M. Labatut s'est efforcé, dans la tête et dans les membres, d'exprimer la rudesse énergique de ce corps rugueux, enveloppe solide d'une âme de même trempe. Le groupe dans lequel M. Vital-Cornu a voulu faire de la mort d'Archimède une allégorie générale, scientifique et patriotique, n'est pas si aisément intelligible. Le vieux savant, accroupi sur le sol et continuant ses recherches géométriques entre les jambes du soldat qui s'apprête à le frapper, pousse l'indifférence aux choses extérieures jusqu'à l'invraisemblance palpable. On comprend qu'absorbé dans son travail, il n'ait entendu ni le bruit du combat dans les rues, ni le bruit du danger qui s'approche, mais dans l'attitude étrange que lui a imposée M. Vital-Cornu, il pose lui-même une main sur la jambe du soldat et lui enfonce un doigt dans la chair, et la distraction paraît vraiment à la fois impossible et offensive. On ne s'explique guère non plus que le soldat ait attendu de sentir ce pauvre vieux entre ses jambes pour commencer à tirer son épée. Toutes ces invraisemblances choquantes, jointes à un entortillement de lignes assez confus dans le bas, nuisent beaucoup aux qualités d'énergie sculpturale que M. Vital-Cornu a déployées dans l'exécution difficile d'une composition mal venue. Le *Brennus* de M. Gauquié a les qualités et les défauts de son groupe de Bacchante et Satyre. L'attitude est nette et parlante. Le chef gaulois, d'un geste impératif, levant dans sa main droite la lourde épée qu'il va jeter dans la balance, est en train de crier le *Vœ victis* ! L'exécution est résolue, ferme et large. L'aspect est un peu commun. Ce Brennus est le meilleur des héros gaulois, toujours assez nombreux au Salon, et parmi lesquels on remarque une figure assez vive et très soignée, le *Jeune Gaulois en vedette*, par M. Léon Pilet. L'histoire sacrée a inspiré à M. Aizelin une *Judith* en bronze, d'un beau caractère, dont nous avions déjà vu le modèle, à M. Larche, un *Jésus enfant devant les docteurs*, d'une simplicité charmante et intelligente ; à Mlle Jeanne Itasse, un *Saint Sébastien* en haut relief d'une exécution pittoresque et vigoureuse. On peut compter encore parmi les compositions historiques des groupes allégoriques comme celui de M. Levasseur, une mère embrassant son enfant blessé : *Après le combat*, travail dont le modèle valut déjà à son auteur une médaille en 1888 ; comme le plâtre de M. Fosse, la *Fin d'un héros*, où le sculpteur, en suspendant à un arbre un vaincu percé de flèches, s'est souvenu du *Serment de Spartacus* par M. Barrias ; comme le marbre de M. Schraeder pour le Muséum : *Science et mystère*, un vieillard assis contemplant un œuf qu'il tient à la main ; comme celui de M. Albert Lefeuvre : *Pour la Patrie*. Ce dernier groupe dont la première pensée remonte aussi à quelques années en arrière, car M. Albert Lefeuvre, si nous ne nous trompons, le conçut à son retour d'Italie, se distingue de tous les autres par un accent personnel de juvénilité virile et généreuse. L'ouvrage, dans son ensemble, a une forte saveur florentine et atteste que M. Albert Lefeuvre a fréquenté avec fruit Donatello. Ce sont deux jeunes gens debout, placés côte à côte, prêts à marcher en avant, la main dans la main, comme s'ils venaient de prêter un serment solennel. L'un, vêtu de la toge, tenant à la main un rouleau de papyrus, a le front large et carré d'un jurisconsulte romain ; l'autre, en habit de soldat, corsage de cuir, ceinture de lanières, épaulières et jambières de fer, une main appuyée sur une épée et un long bouclier, a la mine, avec ses cheveux en désordre, d'un saint Georges ou d'un David. Tous deux ont la tête nue et regardent, avec une certaine fixité assurée, droit devant eux. Dans l'exécution du marbre, on pourrait observer peut-être quelques intentions d'habileté trop marquées, telles, par exemple, que l'évidement excessif des prunelles, qui gâtent par leur petitesse reflet général d'une œuvre bien pensée et bien venue. L'ardeur libre d'un coup de ciseau plus vigoureux n'eût point surpris dans un travail qui est le produit d'une inspiration ardente et libre.

III. LA SCULPTURE.

Tel qu'il est, le *Pro Patria* reste un morceau très intéressant et des plus distingués. On remarque un sentiment élevé du même genre dans un autre groupe, d'un aspect plus familier, sous lequel M. Loiseau a écrit les mêmes paroles : *Pro Patria*. C'est l'*Adieu* d'une mère à son fils partant pour la guerre. Le jeune homme, nu, cache un poignard dans sa main, tandis que sa mère, assise, l'embrasse en lui prenant le bras. L'étreinte est pleine de tendresse et d'émotion.

III

Le *Gilliatt* de M. Garlier, qui a obtenu le plus de voix pour la médaille d'honneur, montre qu'un bon sculpteur peut trouver l'occasion de déployer sa vaillance dans mille circonstances de la vie ordinaire et sans avoir à tourmenter beaucoup son imagination. Le Gilliatt des *Travailleurs de la mer* n'est pas le premier pêcheur normand qui ait été saisi par une pieuvre, et le récit dramatique de Victor Hugo n'eût pas suffi à inspirer une œuvre sculpturale à un artiste qui aurait uniquement compris, comme tant d'autres, son sujet par le côté romanesque et émouvant et qui n'aurait pas été, avant tout, un bon ouvrier, connaissant bien son métier et un observateur studieux de la nature vivante : « Gilliatt, dit le poète, avait enfoncé son bras dans le trou ; il se sentit saisi… Quelque chose qui était mince, plat, glacé, gluant et vivant venait de se tordre dans l'ombre autour de son bras. La bête l'avait happé… Gilliatt se rejeta en arrière… L'angoisse à son paroxysme est muette… » Dans cette seule description, combien de détails, de sensations purement littéraires, qui échappent à l'art du sculpteur et qu'il ne saurait s'escrimer à rendre, sous peine de n'être pas compris et d'altérer la simplicité d'aspect nécessaire à tout travail plastique !

M. Carlier n'a retenu, en réalité, du passage écrit que les deux traits les plus simples : un pêcheur se sent saisi par une pieuvre, il est saisi d'épouvante et s'efforce de se dégager. On n'a donc pas besoin de connaître le roman pour comprendre sa figure, ce qui est l'essentiel. L'homme est en train de descendre d'un rocher ; il tombe sur le pied droit ; c'est à ce moment que sa jambe gauche, restée en arrière, est enlacée par un des longs tentacules de la bête étoilée dont la tête hideuse apparaît sous la pierre. Il retourne la tête, et, de la main gauche, s'efforce de se débarrasser de cette chaîne vivante, tandis que de la droite il serre, en hésitant, son couteau dans son poing. L'homme est nu, avec un simple caleçon ; dans la tête seulement, M. Carlier a exprimé l'intention de marquer le caractère de la race et de dater la figure ; intention inutile, car, en vérité, que ce pêcheur embarrassé soit un Breton ou un Normand, qu'il s'appelle Gilliatt ou Yvon, qu'est-ce que cela peut nous faire ? Tout l'intérêt est dans son action, dans son mouvement, dans le danger qu'il court. Simplifier et généraliser, dans ce cas, est, pour un sculpteur, une nécessité presque aussi grande que celle d'insister sur le caractère spécial et personnel lorsqu'il s'agit de figures historiques et habillées. C'est qu'ici nous voulons surtout avoir une idée nette du personnage, tandis que là, c'est son action seule qui nous préoccupe. Qui songe au visage du *Gladiateur* antique ou à celui du *Captif* de Michel-Ange ? La poésie de ces belles nudités est toute dans l'élan ou dans la souffrance de leur corps ; un visage plus particularisé affaiblirait notre sensation et nous gênerait. Il n'en est pas de même lorsqu'il s'agit d'une figure légendaire ou historique, surtout d'une figure au repos ; on peut presque accepter un visage banal dans un saint George combattant, on ne l'accepterait pas dans un saint George immobile. Du moment que M. Carlier prenait le sage parti de mettre à nu son pêcheur et de lui enlever tout détail de signalement en lui retirant tous ses vêtements, il pouvait tout aussi bien donner plus de style à son visage en lui enlevant ses rides et son type. La chose, d'ailleurs, n'a pas grande importance, car on est si vivement saisi par le mouvement général de la figure qu'on ne s'attache pas outre mesure au visage dans lequel, d'ailleurs, l'expression d'angoisse subite et muette est fort bien rendue. C'est une des rares figures du Salon dont le mouvement puisse être saisi et compris aussi facilement de tous les côtés, et l'on sait que cette ubiquité d'un rythme expressif et satisfaisant pour l'œil, par son harmonie autant que par son équilibre, est l'une des grosses difficultés, si ce n'est la plus grosse, à laquelle se heurte le sculpteur. L'œuvre la plus parfaite est celle qui la possède le mieux. Si nous ajoutons à ce mérite celui d'une exécution particulièrement précise, décidée, conduite et soutenue d'un bout à l'autre avec autant d'habileté que de conscience, nous ne nous étonnerons pas que l'auteur de ce beau marbre, M. Carlier, ait obtenu, pour la plus haute récompense, 60 voix, tandis que les plus favorisés après lui,

III. LA SCULPTURE.

MM. Albert Lefeuvre et Marqueste, n'arrivaient qu'à 25 et 12, et nous regretterons que cette année encore, dans cette section de sculpture où les œuvres complètes sont aussi nombreuses qu'elles sont rares chez les peintres, les artistes ne soient pas parvenus à s'entendre pour affirmer eux-mêmes une supériorité que l'opinion publique leur accorde déjà.

L'observation faite à propos du *Gilliatt* de M. Carlier s'appliquerait avec plus de raison encore à un certain nombre de figures impersonnelles, n'ayant pas pris leurs noms dans un poème ou dans un roman, destinées à rappeler aux hommes les différentes formes de leur activité, soit dans les travaux des champs, soit dans ceux de l'industrie. L'attention des sculpteurs se porte, depuis quelques années, de ce côté, et c'est avec raison, car il y a dans les mouvements et dans les expressions des paysans et des ouvriers des quantités de choses non encore racontées et fort bonnes à présenter aux yeux de tous. L'attitude et le geste d'un paysan, par exemple, qui s'assied au bord d'un champ pour réparer sa faux peuvent devenir une attitude et un geste sculpturaux parce qu'ils sont naturels, simples, aisés ; mais, en les reproduisant, il faut prendre un parti : soit traiter résolument son sujet à la moderne, comme l'a fait un peintre, M. Lhermitte, et, dans ce cas, préciser, autant qu'on veut et qu'on peut, son paysan, par ses vêtements et par son type ; soit l'agrandir en le généralisant, et, alors, il ne suffit pas de le simplifier en le dépouillant de ses habits, il faut encore et surtout le simplifier dans ses particularités ethniques et dans sa physionomie. Le *Rebatteur de faux*, par M. Lange Guglielmo, n'aurait pas été une moins bonne figure si le sculpteur, au lieu d'insister sur l'âge, les lourdeurs, les callosités, les rides du paysan robuste, mais déjà trop marqué, qui lui a servi de modèle, avait seulement consulté la nature pour donner à cette figure nue, simple et bien posée, sa précision anatomique. M. Boucher, lui, vise nettement à la synthèse, car il donne pour épigraphe à son paysan soulevant, avec effort, d'un coup de bêche, une motte de terre, ces mots solennels : *A la Terre*. M. Boucher a toujours eu le sentiment de la grandeur et, dans ce trio de *Coureurs*, désormais célèbre, qui est resté son chef-d'œuvre, il a prouvé qu'un véritable artiste peut toujours trouver dans la réalité immédiate des sujets nouveaux, d'une poésie facilement saisissable, et en faire des sujets généraux par une simplification intelligente et une transposition habile. Était-il bien nécessaire, pour transporter dans l'idéal, pour ennoblir et agrandir ce paysan accomplissant le mouvement le plus habituel à tous les jardiniers et terrassiers, de lui donner les proportions extraordinaires d'un Hercule colossal ? L'indication anatomique tient aussi, dans ce géant, une place beaucoup trop importante. A distance, on reste encore frappé par les saillies violentes de ses veines gonflées, presque aussi fortement indiquées que sur un mannequin d'amphithéâtre. Cette insistance sur les détails nuit à l'aspect général d'une figure assez grandiose, dont le rude effort est bien indiqué, et lui enlève de sa simplicité et de sa vie.

Un des jeunes sculpteurs que ce Salon aura mis en lumière est un Portugais, M. Teixera-Lopès, qui paraît avoir une intelligence pénétrante et grave des conditions dans lesquelles la réalité bien vue et bien comprise peut devenir la sculpture et la poésie. Son marbre, *Caïn*, est déjà une bonne étude : il a vu le meurtrier, à peine adolescent, assis, dans une attitude pensive, laissant présager ses crimes futurs par l'expression renfrognée et jalouse de sa physionomie ingrate. Le morceau est exécuté avec soin. Son groupe de la *Veuve* est plus personnel. L'artiste a su y introduire, d'une façon remarquable, une assez forte dose de sensibilité et d'émotion, sans verser dans la sentimentalité, ni compromettre l'équilibre et le calme de son œuvre plastique. Une femme du peuple, en jupons, la chemise dégrafée, l'air triste et préoccupé, est assise près du berceau de son enfant. Tandis qu'absorbée par sa douleur elle regarde devant elle, dans le passé ou dans l'avenir, sans rien voir, l'enfant, assis sur ses couvertures, se dresse vers elle et, de ses petites mains qui tirent sa chemise et s'attachent à son sein, la rappelle naïvement à la vie et à son devoir. Le sentiment est parfait de justesse et de naturel ; on sent, d'un bout à l'autre, l'émotion soutenue, mais une émotion qui ne trouble ni les yeux ni la main de l'artiste et qu'il exprime simplement et sobrement. C'est dans cet ordre d'idées la meilleure pièce de l'exposition.

Nous pourrions nous arrêter encore devant un certain nombre d'agréables figures sans prétentions qui montrent combien le sentiment sculptural et l'habileté à l'exprimer sont répandus aujourd'hui dans nos ateliers. Quelques bronzes et quelques marbres, tels que la *Guêpe*, de M. François Moreau ; *Dans les Bois*, de M. Eugène Robert ; *la Fin du Rêve*, par M. Dampt, nous étaient déjà connus par des études préliminaires ; on ne les revoit qu'avec plus de plaisir. *Le Renard et les Raisins*, par M. Mulot, nous offre une agréable figure en marbre de jeune femme tenant la grappe haute à un jeune renardeau. Le *Tireur d'arc*, par M. Gardet, un petit bonhomme bien cambré, bien découplé, regardant filer sa flèche, en marbre aussi, est exécuté avec un soin parfait, par une main d'ouvrier plus habile encore. Des qualités techniques du même genre ont fait remarquer le *Petit enfant assis et jouant avec un crâne d'où sort une araignée*, par M. Icard. Parmi les bronzes décoratifs, on a remarqué la *Source*, élégante et haut perchée sur un roc, de M. Caniez ; le gamin remplissant sa cruche, *A la Fontaine*, par M. Van Beurden ; le chien gardant un enfant ou la *Protection*, par M. Peyrol. Parmi les modèles qui nous ont le plus frappé par diverses qualités, soit décoratives, soit expressives, et que nous aurons l'occasion d'examiner lorsqu'ils reparaîtront dans leurs formes définitives ; nous ne pouvons que signaler l'*Aigle et le Vautour se disputant un ours mort*, par M. Cain ; le jeune troupier de l'avenir, debout sur un piédestal où sont célébrées les gloires de la gymnastique, *Exoriare aliquis nostris ex ossibus ultor*, par M. d'Astanières ; les allégories poétiques de MM. Thabard et Récipon : la première, le *Poète et sa Muse*, plus classique et plus correcte, la deuxième, la *Harpe et l'Epée*, plus hardie, mais moins intelligible ; la très précise et fine étude de M. Pech, le *Sophocle dansant après la victoire de Salamine* ; la coquette et nerveuse *Carmen*, de M. Allouard ; les morceaux plus robustes du *Dénicheur d'aigles*, par M. Gossin ; du *Premier artiste*, par M. Richer ; des *Orphelins*, par M. Duvaux ; du *Pro Patria*, par M. Bogino. Le plus grand nombre des bustes qui s'alignent le long des plates-bandes seront certainement oubliés avant longtemps ; mais parmi ceux que la postérité retrouvera avec utilité et plaisir, on peut compter ceux de *S. M. dom Pedro II*, empereur du Brésil, et de *Perrin*, administrateur de la Comédie-Française, par M. Guillaume ; celui de *M. L. Pasteur*, par M. Paul Dubois ; celui de *Victor Hugo*, par M. Mercié ; celui de *Labiche*, par M. Boisseau ; ceux de *M. Paul Chenavard*, par M. Paul Gautherin, et de *M. Spuller*, par M. Aube.

Toutes ces œuvres intéressantes et bien d'autres se trouvent aux

Champs-Elysées. Dans le palais du Champ de Mars, la sculpture, nous l'avons dit, occupe fort peu de place, et, dispersée, soit au milieu de la peinture, soit sur les galeries de la coupole, n'y produit pas tout son effet. L'œuvre la plus importante par les dimensions est un groupe réaliste, d'un aspect peu séduisant, par M. Desbois, la *Mort*. C'est la scène de *la Mort et le Bûcheron* traitée dans le style colossal ; ces deux études anatomiques, l'une d'un squelette pourri, l'autre d'un agonisant qui va pourrir, sont exécutées avec sérieux et habileté ; mais où peut-on placer cette fantaisie macabre ? M. Dalou expose deux modèles, un *Lavoisier*, pour la Sorbonne ; un *Victor Noir*, étendu à terre, son chapeau tombé à son pied, pour son monument funéraire : on y retrouve la fermeté expressive qui marque toutes les œuvres de l'auteur. Quant à M. Rodin, il n'est guère représenté que par des esquisses d'une saveur originale. La plus intéressante partie de cette exposition un peu brève consiste en bustes et études d'expressions, quelques-uns fort remarquables, la plupart empreints d'un sentiment très vif et très délicat de la vie contemporaine, qui sont dus à MM. Jean Baffier, Alfred Lenoir, Ringel, Mme Charlotte Besnard.

Quelles conclusions tirer de cette rapide étude ? C'est que, d'une part, les sculpteurs, en masse, conservent une idée plus nette que les peintres de la dignité de leur art et des exigences de leur métier, et que, protégés peut-être par leur isolement et leur impopularité, ils subissent, moins que leurs confrères, les entraînements de la mode et les étourdissements de la vanité. C'est que, d'autre part, ils donnent, à ces confrères inquiets, l'exemple utile du sang-froid dans les recherches et de la prudence dans les innovations, leur prouvant de toutes parts, au Champ de Mars comme aux Champs-Elysées, qu'il est possible de réaliser un idéal nouveau, l'idéal le plus moderne, par les moyens traditionnels, sans faire ce marché de dupe qui consiste à renoncer d'abord à toute la science acquise dans l'espoir de reconstituer, de toutes pièces, une science nouvelle. La scission actuelle, en mettant à nu plus ouvertement l'absence de principes sérieux chez les soi-disants novateurs et l'inanité des résultats obtenus en dehors de la recherche studieuse et sincère par les moyens connus, aura contribué, sans doute, à faire triompher la vérité. Il n'est point à désirer que cette scission s'éternise, ni dans l'intérêt de l'art, pour lequel des expositions moins nombreuses et plus choisies sont toujours plus utiles, ni dans l'intérêt des artistes, qui perdraient autant à disséminer leurs ressources qu'à fatiguer le public de leurs petites discordes. Nous espérons donc, l'année prochaine, retrouver tous les artistes réunis encore sur le même terrain. Quoi qu'il advienne dans cette crise passagère, comme dans tant d'autres qui l'ont précédée, les sculpteurs auront eu l'honneur de garder intacts les principes sur lesquels reposent la force et la beauté de l'art ; ce n'est pas la première fois qu'ils auront sauvé l'art français.

ISBN : 978-1983987526

www.ingramcontent.com/pod-product-compliance
Lightning Source LLC
Chambersburg PA
CBHW051327220526
45468CB00004B/1533